你也是創意命題高手

鄭圓鈴◎著

目錄

第二章

評量指標命題範例

第一節　閱讀鑑賞能力（單選題型） 045

第三章

試題編寫常見缺失

自序

　　教改歷經多年的曲折，在國文評量測驗的方向上，終於有了較清晰的輪廓，那就是以能力評量取代傳統的知識評量，以指標規劃試題結構取代傳統的分冊分課。而為彰顯此二特色，試題依照評量指標規劃，命題多採課外素材，就變成入學測驗國文科試題的命題要點。而課外題材範圍無限，評量指標定義如何？往往不易認定，自然引起老師、學生的焦慮。大家都在問未來的國、高中國文到底該如何教？如何準備？如何命題？其實以能力為取向的入學測驗，還有一項重要特色就是每一個試題都會提供充足的答題情境，供考生思考、判斷。所以培養學生的閱讀鑑賞、思考判斷能力，將是未來國文教學的重點。而以能力為導向的測驗內容，分析起來不外四個重點：

1. 注重文字、語詞的運用，用以提醒學生養成正確用字，謹慎措辭的寫作習慣。
2. 注重閱讀的深度與廣度，用以引導學生廣泛閱讀，豐富識見，並深入作品，體會文學的美感。
3. 注重培養解決問題的能力，鼓勵學生依循題幹充足的提示，利用分析、統整的能力，尋找答案、解決問題，並將此能力落實為實際生活的運用。

4.注重培養批判性與創造性思考，期待學生在日常生活中能
　觀察細緻，想像豐富，充份享受思考的樂趣。

　　筆者乃針對這些命題重點，根據多年參與規劃國文創意命
題，建立試題題庫，主持命題研討會的經驗，及歸納近年各類學
力測驗試題與國、高中各類版本教材的心得，做成國文科評量指
標，用為國、高中老師規劃月考、模擬考等各類試題的命題參
考；又蒐集各類指標的相關試題，細加分類，詳為說解，使老師
能輕鬆掌握該指標的命題原則，並能按表操作，編寫符合教育測
驗原則的創意試題。國、高中老師如能善用此書，先以雙向細目
表規劃試題內容與認知能力層次，再選擇適當的課外素材，依照
指標範例的說明命題，必能在極短的時間內，輕鬆編寫一份符合
學力測驗精神的試題。

　　老師如能具備編寫創意命題的能力，不僅能輕易分辨坊間各
類參考書的缺失，避免學生浪費精力做無謂的練習，也能利用創
意命題的編寫，加強培養學生分析、統整的能力。如是編寫試題
時腦力激盪，所獲得的喜悅，與試題編寫完成後，所獲得的成就
感，將變成教學生涯中最難忘的回憶。

　　本書得以出版，首先應感謝陳滿銘老師的邀稿，才使我有動
力重新整理過去累積的資料，其後又承蒙編輯部李小姐的費心安
排，才使雜蕪瑣碎的資料一變而為版面清晰，賞心悅目的書籍。
謹在此一併致謝。

國文評量的新方向

第 一 章

　　民國85年12月，行政院教育改革審議委員會的「教育改革總諮議報告書」出爐後，各級教育機構就積極規劃與執行各種相關的教育改革計畫，其中最引起關注的就是以基本學力測驗取代各級聯考。而依據近年國、高中國文基本學力測驗出爐的試題來看，基本學力測驗最重要的意義，應是在一綱多本的架構下，藉由試題方向的調整，讓國文教學活動能擺脫傳統以知識記憶為主的侷限，進一步幫助孩子累積更深更廣的語文表達能力與閱讀理解能力，使他們有能力接受新時代的挑戰。而如何將試題方向的調整，落實為具體教學與評量方法的改進，則是現階段國、高中國文教育改革的重點，它的成敗將直接影響我們下一代在閱讀理解與語文表達能力上的成就。

第一節
國文教學與評量

壹、國文教學方法

　　欲加強閱讀理解與語文表達等能力，就基礎言，宜先以辭、句、段、章的涵義了解、文化知識、文法修辭與寫作技巧分析等教學活動，培養學生基本的語文能力，這是認知層次有關知識能力的部分；再進一步引導學生藉由主動、廣泛的課外閱讀，增廣視野，豐富知識，這是認知層次有關理解能力的部分；其次還要能將上課的知識，落實為寫作技巧及文章分析的運用，這是認知層次有關應用、分析能力的部分。而國文教學更高的層次，則應

引導學生進入抽象思維的境界，啟發他們發揮想像力與創造力，並能條理清晰、文字流暢的表達出來。這就是認知層次有關綜合、評鑑的能力。藉由這六種能力的培養，不僅能提高學生的語文表達與閱讀鑑賞能力，更能藉由豐富的美感經驗，發揮想像力與創造力，提高學生的思辨能力與寫作能力。

所以當學生閱讀沈復的〈兒時記趣〉，如果只學會「夏蚊成雷，私擬作群鶴舞空。心之所向，則或千或百，果然鶴也」的詞語解釋、翻譯及譬喻的修辭技巧，卻無法體會心靈翱翔的樂趣，也無法將美感的悸動表達出來，那麼這一課的教學，仍未達到理想的教學目標。同樣的，當學生閱讀羅貫中〈空城計〉的「司馬懿自飛馬遠遠望之，果見孔明坐於城樓之上，笑容可掬，焚香操琴」時，如果不能體會小說在刻劃人物時，所使用的誇張技巧，並了解小說虛構與史書真實之間的差異，從而了解歷史真相與歷史詮釋的差異，那麼這一課的教學，也還不算成功。

再如鍾理和的〈草坡上〉，當學生讀到「陽光停在昆蟲的小翅膀上微微顫動著，好似秋夜的小星點」時，如果不能興起他們對自然界美好事物的觀察與感動，並願意將心中的某種感動，情意盎然的表達出來，那麼即使他們把這段文字的修辭技巧倒背如流，事實上這段文字對學生並不具有意義。而當作者問妻子是否已經把生病的母雞宰殺時，妻子為了掩飾心中的不安，故意用招呼小雞的「珠—珠—珠」聲，企圖轉移作者的注意力。如果學生閱讀至此，只記住「珠—珠—珠」是餵雞時呼叫雞隻的狀聲詞，卻忽略人物心理的洞察，那麼學生如何能享受閱讀小說的樂趣？而涵養情意，提昇抽象思維能力的功能，正是文學蘊含高度藝術技巧的精華，這些部分學生豈能自己心領神會？而工具書、參考

書又怎能善為啟發？所以需借助老師深入淺出的點化，才能使學
生產生豁然開朗的喜悅。

貳、國文評量方法

　　除了教學方法的改進外，評量技巧的改進也是未來教學設計
的重點。教師如何透過試題的設計，從心理學與教育學的觀點，
深入、客觀評量學生知識、理解、應用、分析、綜合、評鑑等能
力，實為評量技巧的新趨勢。而評量技巧改進的起點，就是以評
量項目指標，取代傳統分冊分課，注明教材出處的試題分析；也
就是說傳統的雙向細目表以教材出處為縱軸，以認知教育的六大
目標為橫軸，著重分析教材出處是否平均，六大能力是否兼顧。
而新的評量則以國、高中的教材分析為基礎，歸納出國、高中的
基本能力，再據之建立相關的評量指標。因此雙向細目表的縱
軸，不再只是考題的課文出處，而是符合國文學習所需的各項能
力。

　　雙向細目表結構的改變，加上教科書市場的開放，預示著未
來的評量趨勢，將朝考、教分離的目標前進。因此老師的教學雖
以建立學生的基本知識體系為基礎，但更重要的是教會他們舉一
反三、溫故知新的能力。而這樣的教學目標反應在評量上，除了
評量指標的建立外，更重要的是發展新的試題內容，使試題能真
正鑑別出學生應用、分析、綜合、評鑑等較高層次的認知能力，
而不只有知識、記憶的瑣碎與僵化。而為清晰呈現各種能力層
次，避免高層次能力與低層次能力相混，試題的設計必然要逐漸
調整為以課外題材為重心。因為傳統的試題，理論上雖然也包含

了應用、分析、綜合、評鑑等能力的評量，但聯考試題必須出自課本的限制，卻使高層次能力與低層次能力不能有效的區隔。所以試題原設計為評量應用、分析、綜合、評鑑等高層次的能力，學生卻只需透過反覆的練習，即可取得高分，所以實際的認知能力，可能只停留在知識的階段。因此傳統聯考最大的缺點，就是受限於教材範圍，無法有效評量學生高層次的認知能力，並使學生因花費過多精力於知識記憶的重複練習，而使抽象思維及綜合、統整能力逐漸萎縮。因此如何呼應現行的評量趨勢，改變傳統以知識記憶為導向的教學方法，將是未來教改能否成功的重要關鍵。

編寫試題步驟

壹、建立國文科評量指標

　　現行的評量方式既重視以評量指標規範學生的能力表現，則國文評量指標的建立自為當務之急。指標的建立涉及各階段學生能力表現的界定，牽涉範圍極廣，須經學者專家長期研究分析，始見周詳，非筆者獨力所能達成。故僅就近年國、高中學力測驗的試題分析及現行國、高中國文教材內容的歸納，做成教材分析綱要以供參考。

一、教材分析綱要

❖ 國文科教材分析與授課綱要 ❖

詞	1.詞的認識	1.1 認識字音字形 （閱讀鑑賞）	1.1.1認識教材語詞的形 1.1.2認識教材語詞的音
		1.2 認識語詞涵義 （閱讀鑑賞）	1.2.1認識教材詞義解釋 1.2.2認識教材成語慣用語涵義 1.2.3認識教材一字多義 1.2.4認識教材一詞多義 1.2.5認識教材音同義異詞 1.2.6認識教材形近義同詞 1.2.7認識教材同義反義詞 1.2.8認識教材詞義轉用
		1.3 認識語詞修辭 （閱讀鑑賞）	1.3.1認識教材諧音雙關 1.3.2認識教材文字新解 1.3.3認識教材語詞表現手法
		1.4 認識語詞文法 （閱讀鑑賞）	1.4.1認識教材詞類 1.4.2認識教材詞性 1.4.3認識教材詞性轉用 1.4.4認識教材詞序 1.4.5認識教材成語語法結構 1.4.6認識教材複詞 1.4.7認識教材特殊構詞法
	2.詞的理解	2.1 理解語詞涵義 （閱讀鑑賞）	2.1.1根據新題材上下文，理解語詞涵義的相關內容
	3.詞的應用	3.1 應用語詞涵義 修辭文法知識 （閱讀鑑賞）	3.1.1針對新題材，應用語詞涵義的相關知識

			3.1.2針對新題材，應用語詞修辭的相關知識
			3.1.3針對新題材，應用語詞文法的相關知識
		3.2 應用正確字形字音（語文應用）	3.2.1針對新情境，寫出正確字形
			3.2.2針對新情境，讀出正確字音
		3.3 應用恰當語詞（語文應用）	3.3.1針對新情境，正確運用語詞
			3.3.2針對新情境，正確運用成語
		3.3 修改語詞（語文應用）	3.3.1針對新情境，修改不恰當語詞
句	1.句的認識	1.1 認識句子涵義（閱讀鑑賞）	1.1.1認識教材句子的涵義
			1.1.2認識教材句子的要旨
			1.1.3認識教材句子的情意
			1.1.4認識教材句子的情境
			1.1.5認識教材句子的時間
			1.1.6認識教材句子的語氣
			1.1.7認識教材句子的觀點
			1.1.8認識教材句子的邏輯推理
		1.2 認識句子修辭（閱讀鑑賞）	1.2.1認識教材句子的擬人技巧
			1.2.2認識教材句子的雙關技巧
			1.2.3認識教材句子的借代技巧

			1.2.4認識教材句子的對偶技巧
			1.2.5認識教材句子的層遞技巧
			1.2.6認識教材句子的譬喻技巧
			1.2.7認識教材句子的映襯技巧
			1.2.8認識教材句子的誇飾技巧
			1.2.9認識教材句子的表現手法
			1.2.10認識教材句子的描寫技巧
			1.2.11認識教材句子的說話技巧
		1.3 認識句子文法（閱讀鑑賞）	1.3.1認識教材句子的種類
			1.3.2認識教材句子的句法結構
			1.3.3認識教材句子的句法節奏
			1.3.4認識教材複句結構
	2.句的理解	2.1 理解句子涵義（閱讀鑑賞）	2.1.1理解新題材，句子涵義的相關內容
	3.句的應用	3.1 應用句子涵義修辭文法知識（閱讀鑑賞）	3.1.1針對新題材，應用句子涵義的相關知識
			3.1.2針對新題材，應用句子修辭的相關知識
			3.1.3針對新題材，應用句子文法的相關知識

		3.2應用關係詞（語文應用）	3.2.1針對新情境，應用恰當的關係詞
		3.3接續恰當句子（語文應用）	3.3.1針對新情境，接續恰當的句子
		3.4修改文句（語文應用）	3.4.1針對新情境，修改文句語病 3.4.2針對新情境，修改文句贅詞
	4.句的綜合	4.1應用寫作修辭技巧（寫作）	4.1.1針對新情境，應用各種修辭技巧
段	1.段落的認識	1.1認識段義（閱讀鑑賞）	1.1.1認識教材段落的詞義 1.1.2認識教材段落的句義 1.1.3認識教材段落的標題 1.1.4認識教材段落的要旨 1.1.5認識教材段落的內容 1.1.6認識教材段落的觀點 1.1.7認識教材段落的思想 1.1.8認識教材段落的推論
		1.2認識段落修辭（閱讀鑑賞）	1.2.1認識段落的修辭 1.2.2認識段落的表現手法
		1.3認識段落文法（閱讀鑑賞）	1.3.1認識段落的章法結構 1.3.2認識段落的文體特色
		1.4認識標點符號（閱讀鑑賞）	1.4.1認識教材各種標點符號
	2.段落的理解	2.1理解段義（閱讀鑑賞）	2.1.1根據新題材，理解段落涵義的相關內容

	3.段落的應用	3.1 安排段落（語文應用）	3.1.1重組文言文 3.1.2重組韻文 3.1.3重組白話文
		3.2 改寫段落（語文應用）	3.2.1擴寫段落 3.2.2縮寫段落 3.2.3歸納段落要旨
		3.3 應用標點符號（語文應用）	3.3.1針對新情境，應用各種標點符號 3.3.2針對新情境，為古文正確斷句
		3.4 整理資料（語文應用）	3.4.1針對新情境，整理寫作相關資料
	4.段落的分析	4.1 分析段落修辭文法知識（閱讀鑑賞）	4.1.1針對新題材，分析段落修辭的相關知識 4.1.2針對新題材，分析段落文法的相關知識
篇章	1.篇章的認識	1.1認識篇章涵義（閱讀鑑賞）	1.1.1認識教材篇章的詞義 1.1.2認識教材篇章的句義 1.1.3認識教材篇章的要旨 1.1.4認識教材篇章的觀點 1.1.5認識教材篇章的推論 1.1.6認識教材篇章的深層涵義
		1.2 認識篇章修辭（閱讀鑑賞）	1.2.1認識教材篇章的表現手法
		1.3 認識篇章文法（閱讀鑑賞）	1.3.1認識教材篇章的章法結構

			1.3.2認識教材篇章的文體特色
	2.篇章的理解	2.1理解篇章涵義（閱讀鑑賞）	2.1.1根據新題材，理解篇章涵義的相關內容
	3.篇章的分析	3.1分析篇章相關知識（閱讀鑑賞）	3.1.1針對新情境，分析篇章文體相關知識 3.1.2針對新情境，分析篇章表現手法相關知識 3.1.3針對新情境，分析篇章深層涵義
	4.篇章的綜合	4.1書寫流暢短文（寫作）	4.1.1針對新情境，統整資料表達看法 4.1.2針對新情境，謀篇佈局書寫流暢短文 4.1.3針對新情境，使用各種寫作技巧
	5.篇章的評鑑	5.1書寫專業評論（高中寫作）	5.1.1針對新情境，能以嚴謹的論述，評鑑作品優劣 5.1.2針對新情境，分析作品特色
文化知識	1.文化知識的認識	1.1認識文化知識（閱讀鑑賞）	1.1.1認識重要工具書 1.1.2認識重要典籍 1.1.3認識重要思想 1.1.4認識重要文學理論 1.1.5認識資料檢索 1.1.6認識重要文化常識 1.1.7認識重要文學常識

	2.文化知識的應用	1.2 認識應用文知識（閱讀鑑賞）	1.2.1認識書信知識 1.2.2認識題辭賀辭對聯知識 1.2.3認識稱謂語知識
		2.1應用文化知識（閱讀鑑賞）	2.1.1針對新情境，應用各種文化知識的相關知識
		2.2應用應用文知識（語文應用）	2.2.1針對新情境，應用應用文相關知識
古今人物	1.古今人物的認識	1.1 認識古今人物知識（閱讀鑑賞）	1.1.1認識古今人物的人格風範 1.1.2認識古今人物的文化貢獻 1.1.3認識古今人物的思想特色
	2.古今人物的應用	2.1 應用古今人物知識（閱讀鑑賞）	2.1.1針對新情境，應用各種古今人物的相關知識

二、建立評量指標

根據教材分析綱要，即可建立國文科評量指標的架構，茲說明如後：

◈國文科評量指標◈

教材大綱		評量項目
單元主題	內容綱要	
1.閱讀鑑賞能力	1-1認識語詞相關知識	1-1-1能認識理解應用語詞涵義 1-1-2能認識應用語詞修辭 1-1-3能認識應用語詞文法

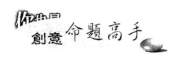

教材大綱		評量項目
	1-2認識句子相關知識	1-2-1能認識理解應用句子涵義 1-2-2能認識應用句子修辭 1-2-3能認識應用句子文法
	1-3認識段落相關知識	1-3-1能認識理解應用段落涵義 1-3-2能認識分析段落修辭 1-3-3能認識分析段落文法
	1-4認識篇章相關知識	1-4-1能認識理解篇章涵義 1-4-2能認識分析篇章內容相關知識
	1-5認識文化相關知識	1-5-1能認識應用文化相關知識 1-5-2能認識應用應用文相關知識
	1-6 認識古今人物相關知識	1-6-1能認識應用古今人物相關知識
2.語文應用能力	2-1語詞應用	2-1-1能寫出正確字形 2-1-2能讀出正確字音 2-1-3能應用恰當語詞 2-1-4能修改語詞
	2-2句子應用	2-2-1能應用關係詞 2-2-2能接續恰當句子 2-2-3能修改文句
	2-3段落應用	2-3-1能安排段落 2-3-2能改寫段落 2-3-3能應用標點符號 2-3-4能整理資料
3.寫作能力	3-1正確書寫短文	3-1-1能應用各種修辭技巧 3-1-2能統整資料表達看法 3-1-3能謀篇佈局書寫流暢短文 3-1-4能使用各種寫作技巧

教材大綱	評量項目
3-2書寫專業評論	3-2-1能以嚴謹的論述,評鑑作品優劣 3-2-2能分析作品特色

三、Bloom 認知領域的能力層次

　　評量指標的建立可幫助老師規劃試題內容,使試題能兼顧單元教學的重點並避免試題內容分布不均的缺失。除外,試題規劃的另一層考量是規劃各評量指標要評量學生何種層次的能力。有關認知領域教學目標能力層次的分類與界定,可參考Bloom認知教育目標的定義。茲說明如後:

◈Bloom 的認知教育目標◈

	A	B	C
知識 經由認知或回憶的歷程能對觀念、資料、現象有記憶行為和測驗情境	個別的知識 1. 術語的知識:認識特定符號所指的事物 2. 事實的知識:認識事件有關人、事、時、地的知識	方法的知識 1. 慣例的知識:文體常用的形式、慣例 2. 趨勢及順序的知識:事件間的內在因果關係及歷程形成的過程 3. 分類的知識:文句事件各種原則的分類 4. 規準的知識:判斷作品的規準 5. 方法的知識:分析文句的各種方法	普遍和抽象的知識 1. 原理原則的知識 2. 理論和結構的知識

	A	B	C
理解 當學生遇到一個訊息溝通時，能知道溝通的內容，且能利用自己的心靈或其外顯的反映，將訊息溝通，轉變成對他更具意義的相似形式	**轉譯** 將訊息溝通的各個部分獨立，並給予意義，而此意義可能由觀念出現所在的情境所決定	**解釋** 將訊息視為一觀念整體，重新安排並使之成為新結構。包括觀念的相對重要性、相互關係、含蘊法則	**推論** 根據訊息溝通中所給予的條件，作成有關其涵義、結局、推演、影響的推論
應用 對新問題學生能獨自運用其抽象概念解決，不需建議他何種抽象概念是正確的，也不需告訴他何種情境應如何使用	1. 在虛構情境中，提出一般問題的解決能力	1. 在未有接觸過之教材情境中，提出特定原則的應用	1. 情境教材為學生所熟悉，但有從前未曾有的新看法、特定原則的應用

	A	B	C
分析 將材料打散成各組成部分，並探求各部分間的關係和它們結合的方式	分析要素. 1. 能說明文句隱藏的假設 2. 能說明寫作動機 3. 能區別文句的事實與假設 4. 能區別文句的事實陳述和規範陳述 5. 能區別結論和支持結論的論點	分析關係 1. 能分析文章各觀念間交互的關係 2. 能分析文章有關某一論斷有效或相關的單獨部分 3. 能分析文章有關主題的必要事實或假設，並找出支持該主題立場的議論 4. 能分析文章有關假設的一致性 5. 能分析文章的因果關係或各種序列性關係 6. 能分析文章議論中各論點的關係，並區別相關與無關的論點 7. 能分析議論中邏輯的缺陷	分析組織原則 1. 能從文章形式、內在涵義推斷義旨 2. 能根據線索推論文章的目的、觀點、思想特色 3. 能從文章內容推論隱含科學、哲學、歷史、藝術的概念 4. 能說明文章深層的描寫技巧

	A	B	C
綜合 重視個人的獨立思考與行動,不只是寫作的表現技巧(觀念的記憶、既定材料的解釋、觀念轉譯為文字)	1. 獨特溝通的成果：在寫作方面能運用一種優異的技巧把觀念與描述組織起來 2. 具有創造力的撰寫故事、詩、論文 3. 有效述說個人經驗 4. 即席演說	1. 閱讀相關資料並針對某一主題寫一篇完整的報告,內容需對某些觀點說明支持或反對的理由,並做合乎邏輯的推理,且主張需清晰有趣而能為讀者接受 2. 能自由創作各種形式的文學作品	
評鑑 根據某些目的對觀念、作品、題解、方法、材料等作價值的判斷(包括規準和標準二者的運用)	依內在證據判斷 1. 根據作者對其論點引述證據之嚴謹成功與否,判斷所報導事實的正確性 2. 以內部標準為基礎來評判作品 3. 指出論證邏輯的錯誤	依外在標準來判斷 未完成	

四、國文科認知教學目標的能力層次

　　Bloom的認知教育目標是對所有教育內容的通論,故需將其概念轉化為國文科的相關內容,才具實用意義。今試將轉化內容說明如後:

☙國文科認知教學目標能力層次分類☙

能力層次	內　容　分　類
知　識	1.評量範圍：教材各種相關知識的記憶，含詞、句、段、篇章有關涵義、修辭、文法及文化知識與古今人物知識等內容 2.題型特性：題幹與選項皆出自教材範圍 3.較佳題型：填充題或默寫，用以加強學生對單元重點的熟練度 4.適用範圍：教師針對各單元教學重點，加強學生熟練度的隨堂考試
理　解	1.評量範圍：課外教材有關各種涵義之相關內容的理解，含詞義、句義、段義、篇章義等部份 2.題型特性：題幹選課外題材，選項提問該內容之涵義。可選擇單題題型或題組題型，綜合運用 3.較佳題型：選擇題，用以提高學生課外閱讀理解能力 4.適用範圍：學校段考或大型考試
應　用	1.評量範圍： a.課外教材有關各種涵義、修辭、文法知識的應用，含詞的涵義、修辭、文法，句的涵義、修辭、文法，段的涵義、修辭、文法，篇章的涵義、修辭、文法等內容 b.課外教材有關語文應用的相關內容，含書寫正確字形字音，運用、修改語詞，運用關係詞，接續、修改句子，安排、改寫段落，運用標點符號，整理資料等內容 2.題型特性： a.題幹提問要考的單元教學重點，選項安排課外題材 b.題幹安排語文應用的主題，選項安排課外題材。可選擇單題題型，並安排單選題或複選題，綜合運用 3.較佳題型：選擇題，用以提高學生靈活應用教材基本知識及語文應用的能力 4.適用範圍：學校段考或大型考試

能力層次	內　　容　　分　　類
分　析	1.評量範圍：課外教材之段落、篇章有關修辭、文法知識的分析。 2.題型特性：題幹選一段課外題材，選項安排相關知識的分析。可選擇單題題型，並安排單選題或複選題綜合運用 3.較佳題型：選擇題，用以提高學生深度鑑賞課外題材的能力 4.適用範圍：學校段考或大型考試
綜　合	1.評量範圍：書寫流暢的短文，含運用各種修辭技巧，統整資料表達看法，謀篇佈局，各種寫作技巧等內容 2.題型特性：選擇課外題材做為說明範例，請學生表達單一或綜合主題 3.較佳題型：寫作題，用以提高學生寫作能力 4.適用範圍：平常練習，學校段考或大型考試
評　鑑	1.評量範圍：課外題材之段落、篇章有關表現方法、章法結構、深層的分析 2.題型特性：選擇課外題材，請學生深度鑑賞文學作品 3.較佳題型：寫作題，用以提高學生評論的寫作能力 4.適用範圍：平常練習

五、建立雙向細目表

　　根據上述的評量指標與認知教育目標即可製作雙向細目表，根據雙向細目表便可詳細規劃試題內容與能力層次的分布，如是自能編寫一份結構嚴謹，符合教育測驗目標的優良試題。有關雙向細目表的基本架構，茲說明如後：

◈雙向細目表基本架構◈

基本能力 指　標	評量項目指標	評量能力層次					
		知識	理解	應用	分析	綜合	評鑑
1.閱讀鑑賞 能力	1-1認識語詞相關知識	＊	＊	＊			
	1-2認識句子相關知識	＊	＊	＊			
	1-3認識段落相關知識	＊	＊	＊	＊		
	1-4認識篇章相關知識	＊	＊	＊	＊		
	1-5認識文化相關知識	＊	＊	＊			
	1-6認識古今人物相關知識	＊	＊	＊			
2.語文應用 能力	2-1語詞應用			＊			
	2-2句子應用			＊			
	2-3段落應用			＊			
3.寫作能力	3-1正確書寫短文					＊	
	3-2書寫專業評論						＊

貳、雙向細目表的應用

一、雙向細目表的細步規劃

　　有了雙向細目表基本架構，老師可據之根據單元教材內容，進一步規劃試題的細部內容。試舉例說明如後：

◈雙向細目表的細步規劃◈

單元主題	評量項目	難易	知識	理解	應用	分析	綜合	評鑑	題數
1.閱讀鑑賞能力	1.認識教材詞義解釋		*						2
	2.理解語詞涵義			*					2
	3.應用詞義轉用(複選)				*				1
	4.應用諧音雙關				*				1
	5.應用語詞表現手法				*				1
	6.應用語詞複詞結構(複選)				*				1
	7.認識教材句子涵義		*						2
	8.理解句子情境			*					1
	9.理解句子觀點（複選）			*					1
	10.應用句子對偶技巧				*				1
	11.應用句子表現手法(複選)				*				1
	12.應用句子句法結構				*				1
	13.理解段落觀點			*					1
	14.理解段落推論			*					1
	15.分析篇章內容知識(複選)					*			1
	16.認識文化相關知識		*						1
	17.應用文化相關知識(複選)				*				1
	18.應用古今人物知識				*				1
	19.理解段落涵義（題組）			*					3
	20.分析段落修辭（題組）					*			1
	21.理解篇章涵義（題組）			*					1
	22.分析篇章修辭（題組）					*			1
	23.理解句子涵義（題組）			*					1

2.語文應用能力	24.語詞應用		*			3
	25.句子應用（單複各一）		*			2
	26.段落應用		*			2
3.寫作能力	27.正確書寫短文				*	2
	28.書寫專業評論					*	1

二、雙向細目表運用原則

雙向細目表的建立可以幫助老師規劃試題的架構和內容，而在運用上有幾點應多注意：

1.評量指標旨在規範試題的內容，因此老師可先依據各單元的教學重點、評量目標及試題特性，決定本次命題應包括哪些指標。

2.能力層次旨在規範試題所欲評量的能力層次，及各類能力的比重，因此可依據已決定的評量項目，進一步規劃欲評量該項目的何種能力。

3.知識的能力層次為基本知識的記憶。欲評量學生此層次的能力，老師可依據評量項目，從已教授的教材中取材命題。此類層次的試題，題幹為已教授的基本知識，選項亦為教材的例子，用以評量學生熟練教材的能力。

4.理解的能力層次為課外相關題材的理解。欲評量學生此層次的能力，老師可依據評量項目，選擇與教材難度相當或內容相近的課外題材，評量學生是否有能力自行閱讀理解與教材相關的其他資料。此類試題的題材宜取自課外，用以評量學生理解課外題材的能力。

5.應用的能力層次為課內概念與知識的轉化應用。欲評量學生此層次的能力，老師可依據評量項目，將學生單元學習的重要知識或概念設計為題幹的核心問題，並選擇相關的課外題材，評量學生是否具備轉化相同概念、知識的能力。其次則是評量學生是否能將學習的各類知識，表現為於語文應用能力。前項試題選項宜取材課外，核心問題則為單元學習的重點，用以評量學生是否具備轉化學習重點的能力。後項試題則宜設計各種情境，用以評量學生是否具備語文應用能力。

6.分析的能力層次為課內深層抽象概念的轉化應用。欲評量學生此層次的能力，老師可依據評量項目，將學生單元學習的重要抽象概念，設計為題幹的核心問題，並選擇相關的課外題材，評量學生是否具備靈活應用抽象概念的能力。此類試題宜取材課外，且以段落或篇章的形式設計，用以評量學生是否能轉化並綜合運用單元學習的能力。

7.綜合的能力層次為統整學習的知識、概念，用以創作各種形式的文學作品。欲評量學生此層次的能力，老師可設計各種情境或提供各種資料，評量學生能否善用修辭技巧，統整資料，謀篇佈局等寫作技巧，並能綜合表現為書寫流暢短文。

8.評鑑的能力層次為統整學習的知識、概念，提出對各類文學作品的評鑑。欲評量學生此層次的能力，老師可提供各種資料，評量學生是否能以嚴謹的論述，評鑑作品優劣或分析作品特色。

三、根據雙向細目表安排試題

為方便老師熟悉如何利用雙向細目規劃試題，茲依據上述雙

向細目表的規劃組成一份試題。

試題內容

一、閱讀鑑賞能力 56% （＊表示正確答案）

㈠單選題

1. 下列文句「　」的詞語解釋，何者正確？【知識】
   (A)吾聞君子詘於不知己，而「信」於知己者：信任
   (B)天下不「多」管仲之賢而多鮑叔能知人也：多慮
   (C)鄭穆公使視客館，則束載厲「兵」秣馬矣：兵器＊
   (D)彼實構吾二君，寡君若得而食之，不「厭」：厭惡

2. 下列「　」中的詞義，何者兩兩相同？【知識】
   (A)室有窪徑尺，「浸淫」日廣／每日「浸淫」書中，氣質自出眾
   (B)晝夜不飛去，「經年」守故林／他常跑國外，「經年」不見也不足為奇＊
   (C)攬轡未安，「踴躍」疾驅／此次比賽，報名「踴躍」，個個都志在必得
   (D)何夜無月？何處無竹柏？但少「閑人」如吾兩人耳／軍事重地，「閑人」勿進

3. 下列詩句「　」的詞語解釋，何者錯誤？【理解】
   (A)孟浩然〈臨洞庭上張丞相〉：「欲濟無舟楫，端居恥聖明。

坐觀垂釣者，徒有羨魚情」。「羨魚情」指孟浩然

(B)李白〈獨坐敬亭山〉：「眾鳥高飛盡，孤雲獨去閒。相看兩
不厭，只有敬亭山」。「兩」指鳥和雲＊

(C)王之渙〈涼州詞〉：「黃河遠上白雲間，一片孤城萬仞山。
羌笛何須怨楊柳，春風不度玉門關」。「春風」可暗指君恩

(D)王維〈九月九日憶山東兄弟〉：「獨在異鄉為異客，每逢佳
節倍思親。遙知兄弟登高處，遍插茱萸少一人」。「一人」
指王維

4. 下列文句「」的詞義，何者正確？【理解】

(A)「若舍鄭以為東道主，行李之往來，共其乏困，君亦無所
害。」「行李」指使者

(B)「太尉曰：吾未晡食，請假設草具。既食，曰：吾疾作，願
留宿門下。」「晡食」即餵食

(C)「晉獻文子成室，晉大夫發焉。張老曰：美哉輪焉，美哉奐
焉。」「成室」即結婚

(D)「若乃綜述性靈，敷寫器象，鏤心鳥跡之中，織辭魚網之
上，其為彪炳，縟采名矣。」「鳥跡」指大自然之景物＊

5. 「大盜之行，天下圍攻」這個防盜標語是借用「大道之行，
天下為公」的諧音。下列何者不是使用這樣的表達方式？【應
用】

(A)每種考試他都「躍躍欲試」，不落人後＊

(B)使用無鉛汽油，可以讓您「無鉛無掛」

(C)再厲害的理髮師，面對禿子顧客，也是「無髮可施」

(D)老闆只要在公司吹冷氣，就能「坐以待幣」，令人羨慕

6. 下列詩句的「樹」字，何者採用「借樹追懷往昔，觸發傷感」
　的表現手法？【應用】
　(A)萬壑樹參天，千山響杜鵑。山中一夜雨，樹杪百重泉
　(B)故人具雞黍，邀我至田家。綠樹村邊合，青山郭外斜
　(C)北風捲地白草折，胡天八月即飛雪。忽如一夜春風來，千樹
　　萬樹梨花開
　(D)梁園日暮亂飛鴉，極目蕭條三兩家。庭樹不知人去盡，春來
　　還發舊時花 *

7. 下列有關「入則無法家拂士，出則無敵國外患者，國恆亡」
　的解釋，何者正確？【知識】
　(A)在國內，沒有嚴明的法紀及清廉的賢士；在國外，沒有能力
　　抵禦外侮則這個國家必定滅亡
　(B)在國內，沒有守法的大臣及輔佐的賢士；在國外，沒有敵國
　　的威脅侵擾，則這個國家必定滅亡 *
　(C)讀書人在家沒有家法，又不能勤於拂拭灑掃；出外沒有敵我
　　之分，則這個國家必定滅亡
　(D)讀書人在家無法自律，又不照拂家人；出外不能捍衛國土，
　　則這個國家必定滅亡

8. 下列有關《論語》文句的闡釋，何者<u>不正確</u>？【知識】
　(A)「人不知而不慍，不亦君子乎？」意謂名聲不必強求
　(B)「毋意，毋必，毋固，毋我。」意謂為人處世不應任意專

斷，固執私見

(C)「君子和而不同；小人同而不和。」意謂君子與人為善，以他人意見為意見；小人則否＊

(D)「君子泰而不驕；小人驕而不泰。」意謂君子胸懷磊落，安舒寬和；小人心胸褊狹，驕慢恣肆

9. 下列文句，何者是描寫黃昏的景色？【應用】

(A)雷聲愈來愈遠，電光只在遙遙的天邊橫掃，太陽又出來了

(B)秋陽已斜在半天，草樹沐在柔軟的陽光中，溫馨、寧靜而和平＊

(C)在如海的樹叢裡，閃爍著星光般的丁香

(D)霎時間，天昏地暗，黑壓壓的烏雲，盤旋著自上而下，直要捲到地面

10. 「群季俊秀，皆為惠連；吾人歌詠，獨慚康樂」採13，24對偶的「隔句對」。下列文句，何者具有相同的構句方式？【應用】

(A)時運不濟，命途多舛，馮唐易老，李廣難封

(B)孳貨鹽田，鏟利銅山，才力雄富，士馬精妍

(C)士有解珮出朝，一去忘返，女有揚蛾入寵，再盼傾國＊

(D)雜花生樹，群鶯亂飛，見故國之旗鼓，感生平於疇日

11. 溫庭筠〈商山早行〉：「雞聲茅店月，人跡板橋霜」，捨棄一切語法關係，全用名詞，羅列出視覺及聽覺等意象，以表現遊子早行之時空場景下的羈愁旅思。下列詩句具有相同句法結構的選項是什麼？【應用】

(A)風鳴兩岸葉，月照一孤舟

(B)鳥聲梅店雨，野色柳橋春＊

(C)大漠孤煙直，長河落日圓

(D)渡頭餘落日，墟里上孤煙

12. 閱讀下文，並推斷何者最能說明作者的心境？【理解】

　　　　庭中如積水空明，水中藻荇交橫，蓋竹柏影也。何夜

無月？何處無竹柏？但少閑人如吾兩人耳！——選自蘇軾

〈記承天寺夜遊〉【理解】

(A)忙人無是非，閑人是非多

(B)人閑桂花落，夜靜春山空

(C)人莫樂於閑，非無所事事之謂也

(D)江山風月，本無常主，閑者便是主人＊

13. 「生命是一天天長大的，人也是一樣，是不允許維持現狀

的。所謂生命的規律，隱藏著無限的殘酷，如果停止生長，

瞬間即將走向死亡。」根據本文，下列推論何者錯誤？【理

解】

(A)就社會而言，維持現狀是遏止變化衝擊的生存之道＊

(B)就人而言，智慧的追求如逆水行舟，不成長，便退化

(C)就一個公司的業績而言，不求蒸蒸日上，必然逐漸衰退

(D)就生命言，讓生命不斷蜿蜒向前，才不會成為一池污水

14. 有關小說常識的敘述，下列選項何者正確？【知識】

(A)《世說新語》、《聊齋志異》、《老殘遊記》都是筆記小說

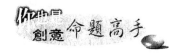

(B)古代小說戲曲中所謂的「風塵三俠」係指紅拂、李世民、虬髯客

(C)《紅樓夢》是我國通行小說中少數出於原創，而且成就非凡的作品 *

(D)唐代傳奇小說的題材多為市井小民的日常生活，其體裁則為文言短篇

15. 每個人說話的口吻通常與他的性格相應，因此作家在塑造人物時，也會藉言談來凸顯其性格。下列引文為《紅樓夢》某位人物所說的話，依據你對《紅樓夢》人物的認識，最可能講這番話的人是何人？【應用】

　　　你尤家的丫頭沒人要了？偷著只往賈家送！難道賈家的人都是好的？普天下死絕了男人了？你就願意給，也要三媒六證，大家說明，成個體統才是！你瘀迷了心，脂油蒙了竅，國孝家孝兩重在身，就把個人送來了。這會子被人家告我們，我又是個沒腳蟹，連官場中都知道我利害吃醋，如今指名提我，要休我，我來了你家，幹錯了什麼不是，你這等害我？

(A)王熙鳳 *

(B)林黛玉

(C)薛寶釵

(D)劉姥姥

(二)複選題

16. 漢字雖一字一義，但亦有兩字不能拆開，須合為一詞始具完

整意義者，如「逍遙」、「徜徉」、「琵琶」等即是。下列選項「」內的詞語，屬於此類的是什麼？〔應用〕

(A)道旁樹林的陰影在他們于徐的「婆娑」裡，暗示你舞蹈的快樂*

(B)我只分付軍匠人等，教他故意「遲延」，凡應用物件都不與齊備

(C)余出官二年，恬然自安，感斯人言，是夕始覺有「遷謫」意，因為長句，歌以贈之

(D)他的心裡永遠在寧靜中保持一片澄明，不為外界風雪塞途而「踟躕」徘徊，不知何去何從*

(E)一曲新詞酒一杯，去年天氣舊亭臺，夕陽西下幾時回？無可奈何花落去，似曾相識燕歸來，小園香徑獨「徘徊」*

17. 民生富裕一向被視為立國基礎。下列文句，何者富有「藏富於民」的思想？〔應用〕

(A)貨惡其棄於地也，不必藏於己

(B)百姓足，君孰與不足？百姓不足，君孰與足*

(C)老者衣帛食肉，黎民不飢不寒，然而不王者，未之有也*

(D)河海不擇細流，故能就其深；王者不卻眾庶，故能明其德。

(E)穀與魚鱉不可勝食，材木不可勝用，是使民養生喪死無憾也。義生喪死無憾，王道之始也。*

18. 李白〈靜夜思〉：「舉頭望明月，低頭思故鄉」，因「月亮」而觸動「思鄉」之情，是中國詩裡常見的表現方式。下列詩句，屬於此種表現手法的是什麼？〔應用〕

(A)獨坐幽篁裡，彈琴復長嘯。深林人不知，明月來相照

(B)遠夢歸侵曉，家書到隔年。滄江好煙月，門繫釣魚船*

(C)三湘愁鬢逢秋色，萬里歸心對月明。舊業已隨征戰盡，更堪
江上鼓鼙聲*

(D)回樂峰前沙似雪，受降城外月如霜。不知何處吹蘆管，一夜
征人盡望鄉*

(E)煙籠寒水月籠沙，夜泊秦淮近酒家。商女不知亡國恨，隔江
猶唱後庭花

19. 閱讀下列韻文，並推斷有關它內容的說明，較正確的是什
麼？【分析】

松下問童子，言師採藥去。只在此山中，雲深不知處

(A)本詩是用問答的形式組成，詩中所涉及的人物只有二人

(B)今音與古音雖有不同，但仍可推這首詩的韻腳應是「去、
處」*

(C)「只在此山中，雲深不知處」此句可視為童子的回答，也可
視為問者尋訪不遇的情形*

(D)這首詩的描寫，運用了空間推移的技巧——由近至遠，由小
及大，與「千山鳥飛絕，萬徑人蹤滅。孤舟簑笠翁，獨釣寒
江雪」相同

(E)「松下問童子」隱者彷彿是可遇，「言師採藥去」儼然是不
可遇；「只在此山中」彷彿又可遇，「雲深不知處」則又是
不可遇。這首詩的內在理路，呈現出「可遇」與「不可遇」
的交錯*

20. 下列有關於「文」的敘述，屬於文學批評範疇的選項是什麼？【應用】

(A)君子博學於文，約之以禮，亦可以弗畔矣夫

(B)質勝文則野，文勝質則史，文質彬彬，然後君子

(C)斷簡殘編，蒐羅匪易；郭公夏五，疑信相參；則徵文難

(D)夫人善於自見，而文非一體，鮮能備善。是以各以所長，相輕所短＊

(E)文不滅質，博不溺心，正采耀乎朱藍，間色屏於紅紫，乃謂雕琢其章，彬彬君子矣＊

21. 中國語言裡的慣用語主要是以「三字格」（三言）為其基本形式，但其語詞的意義往往不是字面上原來的意義，而是透過比喻和引申產生新的意義，例如「開夜車」是形容工作或讀書到深夜很晚的時候，而非真的夜間開車。下列「」內的語詞屬於此類慣用語的選項是什麼？【應用】

(A)現今景氣不佳，各行各業中被「炒魷魚」者也日益增加＊

(B)老胡每次都在開檢討會時，說得頭頭是道，真不愧是「馬後炮」專家＊

(C)老李不但多金，又出手大方，許多飯店酒店的服務生奉之有如「財神爺」

(D)他跟同學約好在火車站見面，卻被同學「放鴿子」，等了好久，都不見半個人影＊

(E)遇到責任的歸屬問題，各部門之間往往相互「踢皮球」，使得當事人常求訴無門＊

㈢題組

甲、

　　巴黎鐵塔是人類建築史上的里程碑，這座里程碑並非過去石塊所堆砌的建築，而是完全以鋼鐵鑄造，屬於新時代的建築。同樣的，設計這座鐵塔的人也是屬於新時代的人。艾菲爾建造了巴黎的地標鐵塔，但他卻不是建築師，而是一位機械工程師。

　　艾菲爾不但是傑出的工程師，更是具有前瞻眼光的人。在工程進行時，他甚至為工人們在塔座的上層，設計了一個工人餐廳，使工人不必上上下下吃飯、休息，這樣不僅增加效率，也減少意外的發生。1889年完工的巴黎鐵塔，迄今結構仍然十分堅固，當年以鑄鐵建造的作法，正是現代高科技建築所使用的方式。

　　巴黎鐵塔從人類科技的角度而言，的確是座偉大的建築物，人類終於可以從高空之處，以上帝的眼光俯瞰自己所居住的城市。因此，從某個角度而言，艾菲爾也改變了人類對世界的看法。

　　不過，當年巴黎市民對無論從都市的任何角落都可以仰望鐵塔的身影，感到無法忍受，於是群起抗議。為了避免鐵塔遭受被拆除的厄運，艾菲爾除了極力為鐵塔的美學形式辯護外，也將鐵塔變成一座實驗室，加強它在科學上的功能與價值。其後幾年，艾菲爾除了研究自由落體的空氣阻力、空氣動力學，也進行電波發射等實驗。1923年艾菲爾逝世，而直到1964年，鐵塔才被列為古蹟，免於被拆除的危機。

　　艾菲爾鐵塔打破了舊有保守的觀念，也喚醒人們對新時代的渴望，百年之後，依然讓人感到振奮與樂觀。——改寫自李清志

〈艾菲爾與鐵塔〉

22. 巴黎鐵塔完成時，居民雖群起反對，卻仍被保留下來。其間的關鍵是什麼？【理解】【段落涵義─推論】

(A)巴黎市民求新求變的精神

(B)艾菲爾的智慧與因應方式＊

(C)巴黎鐵塔在科學上的貢獻

(D)巴黎人將這個新地標列為古蹟

23. 下列敘述，何者<u>不是</u>巴黎鐵塔所代表的新時代精神？【理解】【段落涵義─內容】

(A)建造者的身分不是建築師

(B)促成科學研究的發展＊

(C)改變人類觀看世界的角度

(D)創造新的建築方式

24. 下列何者最能說明本文的要旨？【理解】【段落涵義─要旨】

(A)建築改變人類對世界的看法

(B)巴黎鐵塔保衛戰

(C)艾菲爾對巴黎的貢獻

(D)艾菲爾與鐵塔的前衛精神＊

25. 本文採用何種寫作方法？【分析】【段落修辭─表現手法】

(A)以說明介紹事物＊

(B)以論說討論問題

(C)以類比闡明事理

(D)以定義表達概念

乙、

　　世有伯樂，然後有千里馬。千里馬常有，而伯樂不常有。故雖有名馬，祇辱於奴隸人之手，駢死於槽櫪之間，不以千里稱也。

　　馬之千里者，一食或盡粟一石。食馬者，不知其能千里而食也。是馬也，雖有千里之能，食不飽，力不足，才美不外見，且欲與常馬等，不可得，安求其能千里也？

　　策之不以其道，食之不能盡其材？鳴之而不能通其意，執策而臨之，曰：「天下無馬。」嗚呼！其真無馬耶？其真不知馬也！——韓愈〈雜說四〉

26. 作者想藉本文來抒發什麼？【理解】【篇章涵義－要旨】

(A)悲傷賢士懷才不遇＊

(B)感慨天下無馬

(C)憾恨伯樂不遇千里馬

(D)譏評養馬人不懂養馬的方法

27. 本文用什麼方法來表達主旨？【分析】【篇章修辭－表現手法】

(A)借景物來抒情

(B)借故事來說理＊

(C)用直言來勸諫

(D)用史實來批判

28.下列文意的說明，何者正確？【理解】【句子涵義—句義】

　(A)「世有伯樂，然後有千里馬」／只有伯樂才養得出千里馬

　(B)「不知其能千里而食也」／把千里馬當作普通馬來餵養 ＊

　(C)「策之不以其道」／不能擬定正確的養馬策略

　(D)「鳴之而不能通其意」／馬不能了解主人呼喚的用意

二、語文應用能力 14%

㈠單選題

29.總公司財務左支右□的消息上了報，果然引起□然大波。這
　　都是因為高層主管一向偏□小人，才會弄出這麼大的□漏。
　　【應用】

　(A)絀／掀／坦／皮

　(B)絀／軒／袒／紕 ＊

　(C)拙／渲／袒／皮

　(D)拙／喧／坦／紕

30.下列「」中的字音，何者兩兩相同？【應用】

　(A)「褫」奪公權／「遞」送公文

　(B)「沏」茶待客／亂石堆「砌」

　(C)半途「狙」擊／中道崩「殂」

　(D)「蜚」聲國際／「斐」然成章 ＊

31.古人往往透過虛字，表達語氣或情緒。請依序為下文中的

□，選填恰當的虛字。【應用】

靈、博之山有象祠□，其下諸曲夷之居□，咸（都的意思）

神而祠□。

(A)之／矣／也

(B)乎／之／哉

(C)者／之／乎

(D)焉／者／之＊

32. 閱讀下文並為□選擇最恰當的句子，使語意連接順暢。【應用】

　　大約十分鐘之後，我赫然發現所有的景物都消失在瀰天

蓋地的灰色濃霧中。我也被包在其中，視線不及一公尺。

□，原本十分有把握的路徑，竟然變得神祕了。

(A)我躺在草地上看鳥在天空遨翔

(B)我甚至於懷疑應該朝哪個方向才能走回小屋＊

(C)風並不大，晶白而稀疏的雲慢慢地飄在很高的藍天下

(D)不久雨停了，陽光出現，蔭綠色的雲影在微雨後的草原上緩

緩移動

33. 閱讀下文，並依序為它重組成文意流暢的短文【應用】

　　又早是夕陽西下，

甲、是被青溪的姐妹們所薰染的嗎

乙、寂寂的河水

丙、河上妝成一抹胭脂的薄媚

丁、還是勻得她們臉上的殘脂呢

　　隨雙獎打它，終是沒言語。

(A)甲丙丁乙

(B)乙甲丙丁

(C)丙甲丁乙＊

(D)丙乙甲丁

34. 閱讀下文，並推斷下列選項的「斷句方式」，何者較恰當？

　　久之方知地震各疾趨出見樓閣房舍仆而復起牆傾屋塌之聲與兒啼女號喧如鼎沸。

(A)久之方，知地震。各疾趨，出見樓閣房舍，仆，而復起，牆傾屋塌之聲與兒啼女號，喧如鼎沸

(B)久之方，知地震各疾趨，出見樓閣，房舍仆而復起，牆傾屋塌之聲與兒啼女號，喧如鼎沸

(C)久之，方知地震。各疾趨，出見樓閣，房舍仆而復起，牆傾屋塌，之聲與兒啼女號，喧如鼎沸

(D)久之，方知地震。各疾趨出，見樓閣房舍，仆而復起。牆傾屋塌之聲，與兒啼女號，喧如鼎沸＊

(二)複選題

35. 現今大眾傳播媒體時有用語失當、語意矛盾的情形。下列來自傳播媒體的語句，犯了上述弊病的選項是什麼？【應用】

(A)兢兢業業的學生們為了準備大考，平日裡莫不汲汲營營勤奮讀書＊

(B)旅法華裔作家高行健，經瑞典皇家科學院宣佈，榮獲本屆諾貝爾文學獎

(C)黑幫分子彼此之間為了利益擺不平而起內鬨，甚至義憤填膺的相互廝殺＊

(D)此刻，運動場上的數萬名群眾正作壁上觀，準備欣賞精彩的奧運開幕典禮＊

(E)關於本次空難，記者在現場為您轉播來自美聯社的本臺第一手獨家新聞報導＊

三、寫作能力　30%

36.閱讀下列短文，並回答問題。

　　樹是美麗且具有生命的靈魂，它渴望的是呵護的愛心而不是粗魯的鋸子。漫步在老樹林中，是我們希望孩子們擁有的珍貴經驗之一。對那些提供豐富多樣的視野、影像、聲音及生氣盎然的原始生命的森林，我們應該珍惜它而不是將它當成廉價的木片出售。

　　木片事實上並不具備絕對的經濟價值，研究顯示它提供生態旅遊業工作機會所獲得的經濟效益，遠大於木材製造的收益。由於我們的經濟正處於赤字的階段，因此不考慮它的經濟效益是不聰明的。我們必須從過去只能扮演「世界採石場」的角色，調整成為追求經濟效益的領導者。

a.這兩篇文章討論的共同主題是什麼？【綜合】7%

b.這兩篇文章所使用的說服技巧，各有何特色？【綜合】8％

37.閱讀下列二詞，並分析比較其優劣？【評鑑】15％

甲、

檻菊愁煙蘭泣露，羅幕輕寒，燕子雙飛去。明月不諳離恨苦，斜

光到曉穿朱戶。　昨夜西風凋碧樹，獨上高樓，望盡天涯路。欲寄彩箋兼尺素，山長水闊知何處？──選自晏殊〈蝶戀花〉

乙、

檻菊愁煙沾秋露，天微冷，雙燕辭去。月明空照別離苦，透素光，穿朱戶。　夜來西風凋寒樹，憑欄望，迢迢長路。花箋寫就此情緒，特寄傳，知何處？──選自杜安世〈端正好〉

參、命題要點

利用雙向細目表規劃試題內容與能力層次，使試題結構能符合單元教學目標外，編寫試題仍須注意其他相關細節，才能使試題更完美。

一、選擇題型

㈠試題編寫原則

1. 題幹應提供充足的答題情境，避免流於瑣碎的記憶。
2. 題幹設計應力求多元化、活潑化、生活化。
3. 題幹應緊扣教學目標，避免瑣碎冷僻。
4. 題幹應說明要考能力，避免使用下列何者正確或下列正確有幾項的提問。
5. 選項應避免只簡單列出一項、二項……等。
6. 每個選項和題幹的配合，在邏輯和語意上都要通順。
7. 選項不宜使用過多的複選，如甲乙丙，乙丙丁等。
8. 題幹不宜太複雜，避免受試者不知如何著手。

9. 選項的內容不宜太複雜，避免受試者做選項間比較時發生困擾。

10. 題幹以評量受試者的一種能力為主，且不宜出現不必要的教導性內容。

(二)試題編寫技巧

1. 題幹應盡量避免使用否定的用語，如果不能避免，則須特別強調。

2. 選項內容常重複出現的字詞，宜改寫至題幹中。

3. 謹慎使用「以上皆是」或「以上皆非」的選項，避免學生直接作答。

4. 選項內容不宜適用大部份的情況，避免受試者輕易猜中。

5. 正確答案的位置宜機會均等；不宜連續兩至三題的答案，佔有相同的位置，也不宜讓答案的位置形成某種規律。

6. 題目與題目之間宜用雙行分隔，題目本身則用單行間距。

7. 題幹的結尾需賦予正確的標點符號。

9. 題目的答案宜在編寫試題時同時建立。

二、非選擇題型

(一)試題編寫技巧

1. 為避免受試者答非所問，應對答題方向及注意事項詳加規範。

2. 應對要考能力的範圍說明清楚。

3. 應對如何評分及各種要考能力的評分標準，詳細說明。

評量花指標命題範例

第二章

第一節

閱讀鑑賞能力（單選題型）

壹、認識語詞相關知識

一、能認識理解應用語詞涵義

(一)詞義解釋

1. 下列文句「　」的詞語解釋，何者正確？【知識】
   (A)吾聞君子詘於不知己，而「信」於知己者：信任
   (B)天下不「多」管仲之賢而多鮑叔能知人也：多慮
   (C)鄭穆公使視客館，則束載厲「兵」秣馬矣：兵器＊
   (D)彼實構吾二君，寡君若得而食之，不「厭」：厭惡

2. 下列詩句「　」的詞意解釋，何者錯誤？【理解】
   (A)孟浩然〈臨洞庭上張丞相〉：「欲濟無舟楫，端居恥聖明。
   坐觀垂釣者，徒有羨魚情」。「羨魚情」指孟浩然
   (B)李白〈獨坐敬亭山〉：「眾鳥高飛盡，孤雲獨去閒。相看兩
   不厭，只有敬亭山」。「兩」指鳥和雲＊
   (C)王之渙〈涼州詞〉：「黃河遠上白雲間，一片孤城萬仞山。
   羌笛何須怨楊柳，春風不度玉門關」。「春風」可暗指君恩
   (D)王維〈九月九日憶山東兄弟〉：「獨在異鄉為異客，每逢佳
   節倍思親。遙知兄弟登高處，遍插茱萸少一人」。「一人」

指王維

【說明】

1. 詞義解釋可設計評量學生【知識】、【理解】層次的能力。
2. 欲評量【知識】層次的能力，可選擇教材語詞，依範例1命題。
3. 欲評量學生【理解】層次的能力，可選擇課外題材語詞，依範例2命題。

㈡成語／慣用語

1. 下列詞語，何者有「事先須做好防備工作」的意思？【知識】
   (A)去蕪存菁
   (B)水落石出
   (C)未雨綢繆 *
   (D)舉一反三

2. 下列各組詞語的關係，何者與其它三者<u>不同</u>？【應用】
   (A)粗心大意／小心謹慎
   (B)躊躇滿志／垂頭喪氣
   (C)意氣風發／心灰意冷
   (D)空手而回／一無所獲 *

【說明】

1. 成語／慣用語可設計評量學生【知識】、【應用】層次的能力。
2. 欲評量【知識】層次的能力,可選擇教材或常用的成語、慣用語,依範例1命題。
3. 欲評量學生【應用】層次的能力,可選擇常用的成語、慣用語,依範例2命題。可取材成語典命題。

(三)一字多義

1. 下列各組「」中的字,何者意義相同?【應用】
   (A)無「的」放矢／一箭中「的」*
   (B)千「乘」之國／「乘」風破浪
   (C)「輾」轉難眠／「輾」碎
   (D)「屏」息／「屏」棄

2. 下列各句的「數」字,何者與〈訓儉示康〉「會數而禮勤,物薄而情厚」的「數」字意義相同?【應用】
   (A)其「數」則始乎誦經,終乎讀禮
   (B)「數」罟不入洿池,魚鱉不可勝食也
   (C)范增「數」目項王,舉所佩玉玦以示之者三*
   (D)則勝負之「數」,存亡之理,與秦相較,或未易量

3. 《史記‧項羽本紀》「吾聞先即制人,後則為人所制」一句,

句中的「為」字與下列各句何者的「給」字，涵義相同？〔應用〕

(A)你「給」我過來

(B)誰知道那孩子又會「給」狼啣去呢*

(C)妳跟我講小的在哭，我「給」妳說管他去哭

(D)這隻手鐲，是你小時回來那次，太太「給」我的

4. 中國文字在造字時，本義只有一個，而在應用過程，字義往往不斷擴張演變。以「花」字為例，下列敘述中，何者<u>不正確</u>？〔應用〕

(A)花木、百花齊放、名花傾國兩相歡中的「花」字，用的是本義

(B)妙筆生花、腦袋開花、花和尚中的「花」字，用的是引申義*

(C)花剌子模、花木蘭中的「花」字，用的不是本義

(D)花樣年華、花容月貌、花邊新聞中的「花」字，用的是本義

【說明】

1. 一字多義可設計評量學生【應用】層次的能力。

2. 欲評量【應用】層次的能力，可選擇教材的字，搭配該字的其他涵義，分成四組依範例1命題；選擇教材或新題材為範例，說明該詞用法，並於題幹安排該字的新題材，依範例2、3命題；亦可選擇教材的某字，再取該字衍生的新語詞，依範例4命題，命題可參考辭典、漢語大字典。

㈣一詞多義

1. 下列「」中的詞義，何者兩兩相同？【應用】
   (A)室有窪徑尺，「浸淫」日廣／每日「浸淫」書中，氣質自出眾
   (B)晝夜不飛去，「經年」守故林／他常跑國外，「經年」不見也不足為奇＊
   (C)攬轡未安，「踴躍」疾驅／此次比賽，報名「踴躍」，個個都志在必得
   (D)何夜無月？何處無竹柏？但少「閑人」如吾兩人耳／軍事重地，「閑人」勿進

2. 「中國」一詞的涵義，歷來迭有變遷，閱讀下列有關「中國」詞義的說明，並判斷正確的選項是什麼？【應用】
   (A)《孟子・梁惠王上》：「欲辟土地，朝秦、楚，蒞中國而撫四夷也。」其「中國」指周王畿附近，相當今日黃河流域河南、山東諸省地帶＊
   (B)《禮記・中庸》：「是以聲名洋溢乎中國，施及蠻貊。」其「中國」與四夷相對，指黃河流域地區的各諸侯國＊
   (C)《史記・孝武本記》：「天下名山八，而三在蠻夷，五在中國。中國華山，首山、太室、泰山、東萊。」其「中國」指黃河流域一帶，是地理觀點的中國＊
   (D)《孟子・滕文公上》「陳良，楚產也，悅周公、仲尼之道，北學於中國。」其「中國」指認同儒家文化，是文化觀點的中國＊

(E)韓愈〈送靈師〉：「佛法入中國，爾來六百年。」其「中國」指佛教傳入中國以後至唐代期間，各朝所管轄的領域，並不限於黃河流域一帶，是政治觀點的中國 *

3.「紅色」在民間傳統中具有吉祥之意，如撮合姻緣稱為「牽紅線」，以「紅包」代稱禮金等。但與「紅色」相關的詞彙，由於形成時各有背景，運用上也各有慣例，因此「紅」的意義也不一定相同。下列與「紅(赤)」相關詞彙的敘述，正確的選項是什麼？

(A)「紅」可用來指「行情好」，如稱深受歡迎的歌手為「當紅炸子雞」，股價指數止跌回升為「由黑翻紅」 *

(B)用「紅」來形容眼睛，有時是亢奮之意，如「歹徒殺紅了眼」；有時是讚歎之意，如「他的表現令人眼紅」 *

(C)「紅顏」在古文中有時指美女，如「衝冠一怒為紅顏」；有時則指年少，如「紅顏棄軒冕，白首臥松雲」 *

(D)由於前蘇聯使用紅色旗幟，因此「赤化」一詞便成為受共產主義支配的代稱，如「古巴遭赤化」 *

(E)西式簿記用紅色字記錄透支帳目，因此「赤字」一詞即指支出超過收入，如「預算出現赤字」 *

【說明】

1. 一詞多義可設計評量學生【應用】層次的能力。

2. 欲評量【應用】層次的能力，可選擇教材的語詞搭配該語詞的其他涵義，分成四組，依範例1命題；亦可選擇教材或新題材為範例，說明該語詞用法，或直接提出該語

詞,再於題幹中安排該語詞的相關新題材,依範例2、3命題。命題可參考漢語大詞典命題,或統整相關資料靈活運用。

(五)音同義異詞

1. 下列各句「」中的字義,何者與其他三者不同?【應用】
   (A)盤根「錯」節
   (B)不知所「措」
   (C)移一山「厝」朔東
   (D)民安所「錯」其手足*

【說明】

1. 音同義異可設計評量學生【應用】層次的能力。
2. 欲評量【應用】層次的能力,可選擇教材的同音字,依範例1命題。命題可歸納辭典的同音字、孳乳字,靈活運用。

(六)形近義同詞

1. 下列文句「」內字義的解釋,正確的選項是什麼?【知識】
   (A)天下既定,則「卷」甲而藏之;「卷」通「倦」
   (B)前闢四窗,垣牆周庭,以「當」南日;「當」通「擋」*
   (C)「尊」五美,屏四惡,斯可以為政矣;「尊」通「遵」*
   (D)其頹崖所餘,比之諸嶺,尚為竦「桀」;「桀」通「傑」*

(E)東據成皋之險,割膏腴之壤,遂散六國之「從」;「從」通「蹤」

【說明】

1. 形近義同可設計評量學生【知識】、【應用】層次的能力。

2. 欲評量【知識】層次的能力,可選擇教材的同音字,依範例1命題。

3. 欲評量【應用】層次的能力,可選擇新題材的同音字,仿範例1命題。命題可歸納辭典的同音字,靈活運用。

㈦同義／反義詞

1. 下列各項「」中的詞義,何者與其他不同?〔應用〕
   (A)夫當今「生民」之患,果安在哉
   (B)棄「黔首」以資敵國,卻賓客以業諸侯
   (C)吾黨之「小子」狂簡＊
   (D)豈若「匹夫匹婦」之為諒也

2. 中國人向來忌諱直接說「死」,因此有不少替代的詞彙。下列文句「」的詞,意指「去世」的選項是什麼?〔應用〕
   (A)苦絳珠「魂歸離恨天」,病神瑛淚灑相思地＊
   (B)臣以險釁,夙遭閔凶。生孩六月,慈父「見背」＊
   (C)彼「屍居餘氣」,不足畏也。諸妓知其無成,去者眾矣
   (D)日月逝於上,體貌衰於下,忽然與萬物「遷化」,斯志士之

大痛也*

(E)凶年饑歲，君之民，老弱「轉乎溝壑」，壯者散而之四方者，幾千人矣*

【說明】

1. 同義詞、反義詞可設計評量學生【應用】層次的能力。

2. 欲評量【應用】層次的能力，可歸納教材的同義詞或新題材的同義詞，依範例1命題。命題可參考同義詞典；亦可歸納教材或新題材的同義語詞，仿範例2命題，命題可歸納古文、現代文的某類同義詞，靈活運用。

(八)詞義轉用

1. 中國語言裡的慣用語主要是以「三字格」（三言）為其基本形式，但其語詞的意義往往不是字面上原來的意義，而是透過比喻和引申產生新的意義，例如「開夜車」是形容工作或讀書到深夜很晚的時候，而非真的夜間開車。下列「」內的語詞屬於此類慣用語的選項是什麼？【應用】

   (A)現今景氣不佳，各行各業中被「炒魷魚」者也日益增加*

   (B)老胡每次都在開檢討會時，說得頭頭是道，真不愧是「馬後炮」專家*

   (C)老李不但多金，又出手大方，許多飯店酒店的服務生奉之有如「財神爺」

   (D)他跟同學約好在火車站見面，卻被同學「放鴿子」，等了好久，都不見半個人影*

(E)遇到責任的歸屬問題，各部門之間往往相互「踢皮球」，使得當事人常求訴無門＊

2.「夢周公」一詞，語出《論語》，本是孔子寄託緬懷先賢之意，現在則多作為「睡覺」的通稱。下列各組文句「」內的詞語，目前使用上也轉變原義的選項是什麼？〔應用〕

(A)太極生兩儀，兩儀生四象，四象生「八卦」／影劇圈的「八卦」消息，最能滿足影迷們的窺視心理＊

(B)織女與「牛郎」隔著浩瀚的銀河，遙遙相望／警方昨晚至酒家執行臨檢時，查獲數十名「牛郎」＊

(C)勾踐將「西施」獻給吳王夫差，導致吳國的滅亡／這條路上原本有許多檳榔「西施」，但最近因遭強力取締而銷聲匿跡＊

(D)為了贏得年底選舉，各黨都推出優秀「同志」投入選戰／旅遊文學與「同志」文學的產生，是文壇近年來值得注意的現象＊

(E)他主持許多綜藝節目，是演藝界的「大哥大」／為了保障旅客們的安全，飛機上嚴禁使用「大哥大」＊

【說明】

1. 詞義轉用可設計評量學生【應用】層次的能力。

2. 欲評量【應用】層次的能力，可歸納教材語詞轉用新義，或常見的新義詞，依範例1、2命題。

二、能認識應用語詞修辭

(一)諧音雙關

1.「大盜之行，天下圍攻」這個防盜標語是借用「大道之行，天下為公」的諧音，下列何者不是使用這樣的表達方式？【應用】
   (A)每種考試他都「躍躍欲試」，不落人後 *
   (B)使用無鉛汽油，可以讓您「無鉛無掛」
   (C)再厲害的理髮師，面對禿子顧客，也是「無髮可施」
   (D)老闆只要在公司吹冷氣，就能「坐以待幣」，令人羨慕

2.「滔滔口才訓練公司教導你講話技巧，使你『千辯萬話』，無往不利」，「千辯萬話」是借用同音字賦予「新義」，增加文學趣味。下列「」的詞語，何者也具有同樣的效果？【應用】
   (A)九二一大地震，全國人民發揮同胞愛，踴躍捐款，「賑賑有慈」 *
   (B)中國是一個愛月的民族，賦予月亮一種永恆而「美麗的詩趣」
   (C)高級寢具用品大折扣，蠶絲被輕柔保暖，讓妳「夜夜好眠」
   (D)最新美白用品，雙重滋養，呵護肌膚，使肌膚「嫩白抗皺」

【說明】

1. 諧音雙關可設計評量學生【應用】層次的能力。
2. 欲評量【應用】層次的能力，可蒐集報章雜誌的廣告詞或標題，依範例1命題。

㈡文字新解

1. 媽媽並非「萬能」，但是沒有媽媽卻「萬萬不能」。上述文句是將「」裡原有的語詞拆開，再增添文字，另作新解。下列文句中「」內的語詞，也具有此類作法的選項是什麼？〔應用〕

   (A)辦公室裡單身光棍的劉先生真是「可愛」，大家一致公認他「可憐沒人愛」*

   (B)表哥平日熱心公益，積極加入「義消」，成為人人敬佩的「義勇消防隊員」

   (C)兩位環保調查員至現場調查「公害」，不料在當地竟慘遭圍毆，「公然遇害」*

   (D)老張發生車禍，直呼「倒楣」，而家中又連連遭竊，的確是「倒了八輩子的楣」

   (E)李小姐結婚，原本喜獲「良人」，人財兩失之後，方才醒悟良人原是「良心缺乏之人」*

   【說明】

   1. 文字新解可設計評量學生【應用】層次的能力。

   2. 欲評量【應用】層次的能力，可蒐集報章雜誌的文字新解，依範例1命題。此類試題就文字修辭特性言，遠不如諧音雙關且易引起誤導語文學習的疑慮，不適合大型考試的命題。

(三)表現手法

1. 下列詩句的「樹」字，何者採用「借樹追懷往昔，觸發傷感」的表現手法？【應用】

(A)萬壑樹參天，千山響杜鵑。山中一夜雨，樹杪百重泉

(B)故人具雞黍，邀我至田家。綠樹村邊合，青山郭外斜

(C)北風捲地白草折，胡天八月即飛雪。忽如一夜春風來，千樹萬樹梨花開

(D)梁園日暮亂飛鴉，極目蕭條三兩家。庭樹不知人去盡，春來還發舊時花＊

2. 下列詩句的「夢」字，何者採用「借夢表達久別重逢，似真似幻、悲喜相參」的表現手法？【應用】

(A)高樓誰與上，長記秋晴望。往事已成空，還如一夢中

(B)故人江海別，幾度隔山川。乍見翻疑夢，相悲各問年＊

(C)故國神遊，多情應笑我，早生華髮。人生如夢，一尊還酹江月

(D)家住吳門，久作長安旅。五月漁郎相憶否？小楫輕舟，夢入芙蓉浦

【說明】

1. 表現手法可設計評量學生【應用】層次的能力。

2. 欲評量【應用】層次的能力，可蒐集韻文某些常使用的語詞，依範例1、2命題。此類試題能顯示試題的深度與廣度，極適合大型考試的命題。

三、能認識應用語詞文法

㈠詞類

甲、外來語／方言

1. 下列選項，何者全部是外來語音譯的詞？【應用】

   (A)披薩、沙發、巧克力＊

   (B)邏輯、壽司、腳踏車

   (C)電視、冰箱、摩托車

   (D)番茄、麵包、冰淇淋

2. 適度的將方言與外來語融入日常語言中，可增加語言的活力與親和力，如「英英美代子」，諧擬閩南語「閒閒沒事幹」；又如「摩登」，擬英語MODERN，意指時髦。下列「」的語詞，屬於「擬方言」或「擬外來語」的選項是什麼？【應用】

   (A)你難道腦筋「秀逗」了嗎？竟記不得家裡的電話號碼＊

   (B)面對前衛的新世代，許多人自嘲已經淪為「LKK」族了＊

   (C)多少網路情人日夜期盼電腦螢幕傳來的「伊媚兒」，安慰自己孤獨的心靈＊

   (D)街上小販遙遙搖著博浪鼓，那懵懂的「不楞登……不楞登」裡面有著無數老去的孩子們的回憶

   (E)這幾天爸爸常拿著那麼一薄本米色皮的小書喊「幽默」，弟弟自然不懂什麼叫「幽默」，而聽成了油抹＊

3. 下列文句「」內的詞彙，何者來自閩南方言？【應用】

甲、總統直選，全民做「頭家」

乙、向歷史負責，為將來「打拼」

丙、選戰花招讓大家看得「霧煞煞」

丁、商品一律七折，特賣會場「強強滾」

戊、天王巨星登場，魅力果然「紅不讓」

己、黃小姐受到驚嚇，「歇斯底里」地衝出屋外

(A)甲乙丙丁*

(B)甲丙丁戊

(C)甲乙丙丁戊

(D)甲丙丁戊己

【說明】

1. 外來語方言可設計評量學生【應用】層次的能力。

2. 欲評量【應用】層次的能力，可蒐集報章雜誌常使用的音譯語，依範例1、2、3命題。命題除方言、外來語衍生的新詞外，還有自創新詞、BBS詞、拆字詞、各類術語、數字詞等。可參考竺家寧著《漢語詞彙學》（五南）

乙、指稱詞

1. 下列選項「」的語詞，何者<u>不是</u>自謙詞？【應用】

(A)齊王封書謝孟嘗君曰：「寡人」不祥

(B)「僕」自到九江，已涉三載，形骸且健，方寸甚安

(C)魯智深道：「洒家」趕不上宿頭，欲借貴莊投宿一宵，明早便行*

(D)凡我多士，及我友朋，惟仁惟孝，義勇奉公，以發揚種性：

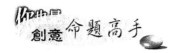

此則「不佞」之幟也

2. 下列選項「」的詞語，何者是「人稱代詞」？【應用】

(A)吾不忍其觳觫，「若」無罪而就死地

(B)嫗每謂余曰：某所，「而」母立於茲＊

(C)往送之門，戒之曰：往之「女」家，必敬必戒，無違夫子＊

(D)子曰：以吾一日長乎爾，毋吾以也！居則曰：不吾知也！如或知「爾」，則何以哉＊

(E)滔滔者，天下皆是也，而誰以易之？且「而」與其從辟人之士也，豈若從辟世之士哉＊

【說明】

1. 指稱詞可設計評量學生【知識】【應用】層次的能力。

2. 欲評量【知識】層次的能力，可依據單元教材內容，評量學生是否學會各類指稱詞（三身、複指、特指、無定、疑問、數量、單位）的知識。可依範例1、2命題，將選項換為單元教材內容。

3. 欲評量【應用】層次的能力，可統整教材各類指稱詞，或蒐集新題材，依範例1、2命題。指稱詞屬實詞，實詞可考名詞、形容詞、動詞、指稱詞、限制詞等。可參考許世瑛《中國文法講話》（開明）

丙、限制詞（副詞）

1. 《論語》：「由也為之，比及三年，可使有勇，且知方也。」其中的「比及」為「時間副詞」，是「將近」的意思。下列文

句，何者<u>沒有</u>使用時間副詞？【應用】

(A)陰房闃鬼火，春院闃天黑＊

(B)既出，坐客問謝公：向三賢孰愈

(C)俄而文皇來，精采驚人，長揖就坐

(D)頃之，女子推簾，呼病者授藥並方，反身入室

【說明】

1. 限制詞可設計評量學生【知識】【應用】層次的能力。

2. 欲評量【知識】層次的能力，可依據單元教材內容，評量學生是否學會各類限制詞（程度、範圍、時間、判斷、否定、處所、動態、動相）的知識。可依範例1命題，將選項換為單元教材內容。

3. 欲評量【應用】層次的能力，可統整教材各類限制詞（程度、範圍、時間、判斷、否定、處所、動態、動相），或蒐集新題材，依範例1命題。限制詞屬實詞，實詞可考名詞、形容詞、動詞、指稱詞、限制詞等知識。可參考許世瑛《中國文法講話》（開明）

丁、語氣詞（感嘆詞、助詞）

1. 下列各句中的「也」字，何者表達停頓的語氣？【應用】

(A)君子無所爭，必也射乎＊

(B)蓮，花之君子者也

(C)樊遲曰：何謂也

(D)無魚，蝦也好

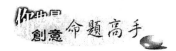

【說明】

1. 語氣詞可設計評量學生【知識】【應用】層次的能力。

2. 欲評量【知識】層次的能力，可依據單元教材內容，評量學生是否學會各類語氣詞（句首、句中、句末、獨立）的知識。可依範例1命題，將選項換為單元教材內容。

3. 欲評量【應用】層次的能力，可統整教材各類語氣詞（句首、句中、句末、獨立），或蒐集新題材，依範例1命題。語氣詞屬虛詞，虛詞可考關係詞、語氣詞等知識。可參考許世瑛《中國文法講話》（開明）

(二)詞性

1. 用來描述主語的性質或狀態的叫「表語」。下列「」中的詞語，何者是表語？【應用】

　(A)成功的刻石上，不能沒有「我的名字」

　(B)「我」是天空裡的一片雲

　(C)他實在太自「我」了＊

　(D)你會記得「我們」嗎

2. 下列各選項「」中的部分，何者<u>不是</u>該句的主語？【應用】

　(A)「問題」已浮現在檯面了

　(B)「他們」簡直是無法無天

　(C)「屋頂」上的雨水滴落下來＊

　(D)「教育」是孔子心愛的職業

3. 下列各句「」中的詞語，何者的詞性與其他三者<u>不同</u>？【應用】

　(A)喝一口「冰冰涼涼」的井水

　(B)她有一張「白白淨淨」的臉

　(C)他「急急忙忙」的跑走了＊

　(D)踏著「整整齊齊」的步伐

4. 下列各組「」中的字，何者詞性相同？【應用】

　(A)孔子說：生，於我乎「館」／請問這兒是李公「館」嗎

　(B)「淑」世是孔子的理想／被愛沖昏頭的你，當心遇人不「淑」

　(C)遲到的我，只能「白」瞪著眼，看火車離開／再怎麼勸他，
　　也是「白」費力氣＊

　(D)他說完了這句格言，就「絕」了氣／我「絕」不答應你的要
　　求，別打如意算盤了

【說明】

1. 詞性可設計評量學生【知識】【應用】層次的能力。

2. 欲評量【知識】層次的能力，可依據單元教材內容，評
　量學生是否學會各類詞性的知識。可依範例1、2、3、4
　命題，並將選項換為單元教材內容

3. 欲評量【應用】層次的能力，可統整教材各類詞性，或
　蒐集新題材，依範例1、2、3、4命題。可參考許世瑛
　《中國文法講話》（開明）或譚全基《修辭新天地》（書林）

(三)詞性轉用

1. 「國文老師的服飾很中國」，句中的「中國」原是名詞，但是前面用程度副詞「很」加以修飾後，變成了形容詞。下列「」中的詞語，何者的用法與此相同？〔應用〕
   (A)她很「寶貝」自己的衣服
   (B)班長的行為非常「商人」＊
   (C)小文在學校總是很「惡劣」
   (D)我對他的印象非常「深刻」

2. 詩的語言常有別於日常的語言，為了在簡鍊的文字中得到最大的藝術效果，詩人往往改變詩句關鍵字的詞性，以創造更為鮮活的語言，如杜甫詩：「異方初艷菊，故里亦高桐」，句中的「艷」與「高」本都是形容詞，在此卻都具有動詞義，分別為「開放得十分艷麗」、「挺起」之意。下列詩句「」內的字，也具有此種技巧的選項是：〔應用〕
   (A)春風又「綠」江南岸＊
   (B)「寒」山轉蒼翠，秋水日潺湲
   (C)白髮逐梳落，「朱」顏辭鏡去
   (D)心猶未死杯中物，春不能「朱」鏡裡顏＊
   (E)遠上寒山石徑「斜」，白雲生處有人家

3. 蘇軾〈赤壁賦〉：況吾與子「漁樵」於江渚之上，「侶」魚蝦而「友」麋鹿。「」的字詞，在語法上都是將名詞轉變為動詞。下列選項「」的字，用法相同的選項是什麼？〔應用〕

(A)走卒類士服,農夫「躡」絲履

(B)是以「衣」錦褧衣,惡文太章*

(C)晚來天欲「雪」,能飲一杯無*

(D)荊人欲襲宋,使人先「表」澭水*

(E)項羽、虞姬生死不移之至情,實在已足「糞土」王侯*

4. 下列文句「」內的語詞,具有「形容詞作動詞使用」的選項
是什麼？【應用】

(A)六月生產的手機很「中文」

(B)給我聲寶冷氣,我就有辦法「白」回來*

(C)你的鼻子只能呼吸人家呼吸過的「呼吸」

(D)那位女子的長相、談吐,都是如此的「東方」

(E)富商巨賈固然可以「筆挺」其西裝,金邊其眼鏡,而教授學
者乃至市井小民又何嘗不是如是*

【說明】

1. 詞性轉用可設計評量學生【知識】【應用】層次的能力。

2. 欲評量【知識】層次的能力,可依據單元教材內容,評
量學生是否學會各類詞性轉用的知識。可依範例1、2、
3、4命題,並將選項換為單元教材內容。

3. 欲評量【應用】層次的能力,可統整教材各類詞性轉用
資料,或蒐集新題材,依範例1、2、3、4命題。可參考
許世瑛《中國文法講話》(開明)或譚全基《修辭新天地》
(書林)。

(四)詞序

1. 下列各選項「」中的意思，經調整之後，何者意思改變了？

【應用】

(A)這件事「何難之有」／有何難

(B)「久違了，故人」／故人，久違了

(C)這事辦不成，「一切唯你是問」／一切唯問你

(D)「世界難道不是一個舞台嗎」／舞台難道不是一個世界嗎＊

2. 下列選項，何者前後兩句的意義<u>不同</u>？ 【應用】

(A)歷經千辛萬苦，我好容易才完成任務／歷經千辛萬苦，我好不容易才完成任務

(B)放榜了，我差一點沒考上高中／放榜了，我差一點就考上高中＊

(C)別哭，這點小傷有什麼關係／別哭，這點小傷沒什麼關係

(D)號外，中華隊大勝美國隊／號外，中華隊大敗美國隊

【說明】

1. 詞序可設計評量學生【應用】層次的能力。

2. 欲評量【應用】層次的能力，可歸納常見因詞序變化而產生歧義的詞語，依範例1、2命題。可參考譚基全著《修辭新天地》（書林）

(五)成語語法結構

1.「魂牽夢縈」是由魂牽、夢縈兩個同義詞所組成。下列成
　語，何者也屬於這種詞語結構？【應用】
　(A)物換星移＊
　(B)噤聲躡足
　(C)焚膏繼晷
　(D)明知故犯

2.下列詞語的語法結構，何者兩兩相同？【應用】
　(A)落花流水／山明水秀
　(B)先憂後樂／有勇無謀
　(C)手忙腳亂／膽戰心驚＊
　(D)避重就輕／寧缺毋濫

【說明】

1. 語法結構可設計評量學生【知識】【應用】層次的能力。

2. 欲評量【知識】層次的能力，可依據單元教材內容，評
　量學生是否學會各類詞法結構的知識。可依範例1、2命
　題，並將選項換為單元教材內容。

3. 欲評量【應用】層次的能力，可歸納常見詞語結構方法
　【語法（主謂、動賓、偏正、並列、重疊、賓語前置、詞
　性變易），音韻（平仄、雙聲、疊韻），意義（反義、類
　義、同義）】，依範例1、2命題。可參考譚基全著《修辭
　新天地》（書林）、竺家寧著《漢語詞彙學》（五南）

㈥複詞

甲、衍聲複詞

1. 細讀「黃槐」、「篆章」、「嶔崎」、「刨冰」各詞，可以找到其聲韻的共同性。下列選項何者符合此共同性：〔應用〕
   (A)箕畚
   (B)鴟梟
   (C)窈窕
   (D)躊躇＊

2. 下列文句「」內的詞，何者<u>不屬於</u>「**疊韻**」？〔應用〕
   (A)年少萬「兜鍪」
   (B)飛羽觴而「醉月」＊
   (C)子慕予兮善「窈窕」
   (D)被「薜荔」兮帶女羅

3. 漢字雖一字一義，但亦有兩字不能拆開，須合為一詞始具完整意義者，如「逍遙」、「徜徉」、「琵琶」等即是。下列選項「」內的詞語，屬於此類的是什麼？〔應用〕
   (A)道旁樹林的陰影在他們于徐的「婆娑」裡暗示你舞蹈的快樂＊
   (B)我只分付軍匠人等，教他故意「遲延」，凡應用物件都不與齊備
   (C)余出官二年，恬然自安，感斯人言，是夕始覺有「遷謫」意，因為長句，歌以贈之

(D)他的心裡永遠在寧靜中保持一片澄明，不為外界風雪塞途而
「踟躕」徘徊，不知何去何從 ＊

(E)一曲新詞酒一杯，去年天氣舊亭臺，夕陽西下幾時迴？無可
奈何花落去，似曾相識燕歸來，小園香徑獨「徘徊」＊

4. 中文部分詞彙必須兩字結合才有完整的意義，不能拆開，稱
為「聯綿詞」，如「葡萄」、「琵琶」等。下列選項「」的
詞，何者屬於「聯綿詞」？【應用】

(A)登崑崙兮四望，心「飛揚」兮浩蕩

(B)望夫君兮未來，吹「參差」兮誰知＊

(C)「孔蓋」兮翠旍，登九天兮撫慧星

(D)被石蘭兮帶杜衡，折「芳馨」兮遺所思

5. 下列文句「」的疊字，用來形容聲音的選項是什麼？【應用】

甲、我「達達」的馬蹄是美麗的錯誤

乙、猿鳴至清，山谷傳響，「泠泠」不絕

丙、我有點愧赧，「訕訕」地說：收著呢

丁、殘燈無焰影「幢幢」，此夕聞君謫九江

戊、外祖母在這座大樓的遺骸前面點起一炷香，「喃喃」地
禱告

己、雖到了飢寒病苦刑笞交迫的地步，仍是「熙熙」然貪戀
著目前的生的歡喜

(A)甲乙戊＊

(B)甲丙己

(C)乙丁戊

(D)丙丁己

【說明】

1. 衍聲複詞可設計評量學生【知識】【應用】層次的能力。

2. 欲評量【知識】層次的能力，可依據單元教材內容，評量學生是否學會各類衍聲複詞（雙音節、疊字、帶詞頭、帶詞尾）的知識。可依範例1、2、3、4、5命題，並將選項換為單元教材內容。

3. 欲評量【應用】層次的能力，可歸納常見衍聲複詞，依範例1、2、3、4、5命題。可參考許世瑛著《中國文法講話》（開明）。

乙、合義複詞

1. 喜」和「悅」都是「高興」的意思，「喜悅」一詞就稱為「同義複詞」。下列「」中的詞語，何者<u>不是</u>同義複詞？〔應用〕

(A)這個小孩的「遭遇」，著實令人同情

(B)你住的那小小的島，我難以「描繪」

(C)「窗戶」要擦乾淨，才不會有礙觀瞻＊

(D)對於過去種種不是，我深感「慚愧」

2. 上文中畫線處的詞，何者拆開後仍各自成詞，且意義<u>不同</u>？〔應用〕

　　自從那天在阡陌（甲）交織的田中，偶然邂逅（乙）一群悠遊於朦朧夜色的美麗螢火蟲引吭高歌的蟋蟀（丙）。讀書一向圍

圇吞棗（丁）的他，開始認真的閱讀相關資料，想要更了解那群提燈的小精靈與夜間音樂家。

(A)甲＊

(B)乙

(C)丙

(D)丁

【說明】

1. 合義複詞可設計評量學生【知識】【應用】層次的能力。

2. 欲評量【知識】層次的能力，可依據單元教材內容，評量學生是否學會各類合義複詞（聯合、組合、結合）的知識。可依範例1、2命題，並將選項換為單元教材內容。

3. 欲評量【應用】層次的能力，可歸納常見衍聲複詞，依範例1、2命題。可參考許世瑛著《中國文法講話》（開明）。

(七)特殊構詞法

1. 中國語文在表達數量時，為了修辭、音韻、節奏等需要，往往不直接道出，而使用拆數相乘的手法，如「五五之喪」，指守二十五個月的喪期，意即三年之喪。下列敘述，使用這種「數量表示法」的選項是什麼？【應用】

(A)蓋予所至，比好遊者尚不能「十一」

(B)「三五」之夜，明月半牆，桂影斑駁＊

(C)年時「二八」新紅臉，宜笑宜歌羞更斂＊

(D)讀書一事，也必須有「一二」知己為伴，時常大家討論，纔能進益

(E)莫春者，春服既成；冠者「五六」人，童子「六七」人，浴乎沂，風乎舞雩，詠而歸

2. 古文中表示數學上的「幾分之幾」，多以兩個數字並列，前者為「分母」，後者為「分子」。下列文句「」內屬於此一表意方式的選項是什麼？〔應用〕

(A)蓋予所至，比好遊者尚不能「十一」＊

(B)安見方六七十，如五「六十」，而非邦也者

(C)夫物之不齊，物之情也，或相倍蓰，或相「什百」

(D)飛來雙白鵠，乃從西北來，十十「五五」，羅列成行

(E)下士冤民，能至闕者，萬無數人；得其省問者，不過「百一」＊

【說明】

1. 特殊構詞法可設計評量學生【應用】層次的能力。

2. 欲評量【應用】層次的能力，可歸納常見特殊構詞法，依範例1、2命題。此類試題能顯示試題的深度與廣度，極適合大型考試的命題。

貳、認識句子相關知識

一、能認識理解句子涵義

㈠句子涵義

1. 下列有關「入則無法家拂士，出則無敵國外患者，國恆亡」的解釋，何者正確？【理解】

   (A)在國內，沒有嚴明的法紀及清廉的賢士；在國外，沒有能力抵禦外侮，則這個國家必定滅亡

   (B)在國內，沒有守法的大臣及輔佐的賢士；在國外，沒有敵國的威脅侵擾，則這個國家必定滅亡*

   (C)讀書人在家沒有家法，又不能勤於拂拭灑掃；出外沒有敵我之分，則這個國家必定滅亡

   (D)讀書人在家無法自律，又不照拂家人；出外不能捍衛國土，則這個國家必定滅亡

2. 下列有關《論語》文句的闡釋，何者不正確？【知識】

   (A)「人不知而不慍，不亦君子乎？」意謂名聲不必強求

   (B)「毋意，毋必，毋固，毋我。」意謂為人處世不應任意專斷，固執私見

   (C)「君子和而不同；小人同而不和。」意謂君子與人為善，以他人意見為意見；小人則否*

   (D)「君子泰而不驕；小人驕而不泰。」意謂君子胸懷磊落，安舒寬和；小人心胸褊狹，驕慢恣肆

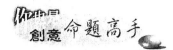

【說明】

1. 句子涵義可設計評量學生【知識】【理解】層次的能力。

2. 欲評量【知識】層次的能力,可依據單元教材內容,評量學生是否學會該句的涵義。可依範例1、2命題,並將題幹或選項換為單元教材內容。

3. 欲評量【應用】層次的能力,可選擇相關新題材,依範例1、2命題。

㈡要旨

1. 清儒曾國藩云:「凡富貴功名,半由人事,半由天命;唯讀書做人,全憑自己做主。」由此可推知他的想法為何?〔理解〕

(A)讀書做人,操之在己＊

(B)謀事在人,成事在天

(C)發憤向學,功名可得

(D)富貴功名,命中注定

2. 「無論什麼事,不是需要先人的遺愛和遺產,即是需要眾人的支持與合作」這句話的要旨,與何者較接近?〔理解〕

(A)如果一個人只顧著看路障,那他就看不到目標了

(B)生命會給你所需要的東西,只要你不斷地跟它要

(C)一片樹葉不會枯萎,除非有整棵樹的默許

(D)一棵樹不能成森林,一朵花不能成花園＊

3. 「我會成為怎樣的人，絕大部分決定於我和那些愛我或不愛我，以及我愛或不愛的人之間的關係。」這段文字最主要在強調什麼觀念？【理解】

(A)我們不可能獲得所有人喜愛，也不可能喜愛各式各樣的人

(B)我是一個怎樣的人，要經由別人來判定才更趨於客觀公正

(C)我的人際關係對於我會成為怎樣的人，有相當程度的影響*

(D)我會成為怎樣的人，完全決定於愛我或不愛我的人的好惡

【說明】

1. 要旨可設計評量學生【知識】【理解】層次的能力。

2. 欲評量【知識】層次的能力，可依據單元教材內容，評量學生是否學會該句的要旨。可依範例1、2、3命題，並將題幹換為單元教材內容。

3. 欲評量【理解】層次的能力，題幹可選擇相關新題材，依範例1、2、3命題。

(三)情意

1. 下列詩句，何者與「但願人長久，千里共嬋娟」（嬋娟，借指月亮）所表達的情意最接近？【應用】

(A)晨興理荒穢，帶月荷鋤歸

(B)舉杯邀明月，對影成三人

(C)野曠天低樹，江清月近人

(D)海上生明月，天涯共此時*

2. 下列詩句，何者流露出「懷古傷逝」的情懷？〔應用〕

　(A)此地別燕丹，壯士髮衝冠。昔時人已沒，今日水猶寒＊

　(B)鳳凰臺上鳳凰遊，鳳去臺空江自流。吳宮花草埋幽徑，晉代
　　　衣冠成古邱＊

　(C)三顧頻繁天下計，兩朝開濟老臣心。出師未捷身先死，長使
　　　英雄淚滿襟＊

　(D)四時湖水鏡無瑕，布江山自然如畫。雄宴賞，聚奢華。人不
　　　奢華，山景本無價

　(E)燎沉香，消溽暑。鳥雀呼晴，侵曉窺檐語。葉上初陽乾宿
　　　雨，水面清圓，一一風荷舉

3. 〈典論論文〉：「日月逝於上，體貌衰於下，忽然與萬物遷
　　化，斯志士之大痛也！」曹丕這段話反映他當時的心情是什
　　麼？〔應用〕

　(A)相信彭殤同壽，死生如一

　(B)惟恐一事無成，與草木同朽＊

　(C)但求生於憂患，不要死於安樂

　(D)獨恨人生得意未盡歡，徒使金樽空對月

4. 孔稚珪〈北山移文〉：「學遁東魯，習隱南郭。竊吹草堂，
　　濫巾北岳。誘我松桂，欺我雲壑。雖假容於江皋，乃攖情於
　　好爵。」文中所描述的人物心態，與下列何者近似？〔應用〕

　(A)居廟堂之高，則憂其民；處江湖之遠，則憂其君

　(B)志深軒冕，而汎詠皋壤；心纏幾務，而虛述人外＊

　(C)危邦不入，亂邦不居；天下有道則見，無道則隱

(D)與其食人之祿，俯首而包羞；孰若無愧於心，放身而自得

【說明】

1. 情義可設計評量學生【知識】【理解】【應用】層次的能力。
2. 欲評量【知識】層次的能力，可依據單元教材內容，評量學生是否學會該句的情義。可依範例1命題，並將題幹換為單元教材內容，選項則列出不同的情意項目。
3. 欲評量【理解】層次的能力，依範例1命題，將題幹換成相關新題材，選項則列出不同的情意項目。
4. 欲評量【應用】層次的能力，依範例1、2、3、4命題，題幹可選教材內容或相關新題材，選項則選擇新題材。

㈣情境

1. 下列文句，何者是描寫黃昏的景色？【應用】
　(A)雷聲愈來愈遠，電光只在遙遙的天邊橫掃，太陽又出來了
　(B)秋陽已斜在半天，草樹沐在柔軟的陽光中，溫馨、寧靜而和平＊
　(C)在如海的樹叢裡，閃爍著星光般的丁香
　(D)霎時間，天昏地暗，黑壓壓的烏雲，盤旋著自上而下，直要捲到地面

【說明】

1. 情境可設計評量學生【知識】【理解】【應用】層次的能

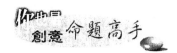

力。

2. 欲評量【知識】層次的能力，可依據單元教材內容，評量學生是否學會該句的情境。題幹為單元教材內容，選項則列出不同的情境項目。

3. 欲評量【理解】層次的能力，將題幹換成相關新題材，選項則列出不同的情境項目。

4. 欲評量【應用】層次的能力，依範例1命題，選項可統整教材內容或相關新題材；亦可題幹選一教材或新題材，選項則統整教材內容或相關新題材。

㈤時間

1. 下列詩句，何者描寫的時辰最接近？【應用】

　　甲、樓上晴天碧四垂，樓前芳草接天涯

　　乙、楊柳岸，曉風殘月

　　丙、守著窗兒，獨自怎生得黑

　　丁、樓上闌干橫斗柄，露寒人遠難相應

(A)乙丁*

(B)丙丁

(C)乙丙

(D)甲丁

2. 閱讀下列四詩，並為它們排列春夏秋冬的次序？【應用】

　　甲、北風卷地白草折，胡天八月即飛雪。忽如一夜春風來，
　　　　千樹萬樹梨花開

乙、兩個黃鸝鳴翠柳，一行白鷺上青天。窗含西嶺千秋雪，
　　門泊東吳萬里船

丙、冰簟銀床夢不成，碧天如水夜雲輕。雁聲遠過瀟湘去，
　　十二樓中月自明

丁、山石犖确行徑微，黃昏到寺蝙蝠飛。升堂坐階新雨足，
　　芭蕉葉大梔子肥

(A)甲丁丙乙

(B)丙丁甲乙

(C)乙丁丙甲＊

(D)丁乙丙甲

【說明】

1. 時間可設計評量學生【知識】【理解】【應用】層次的能力。

2. 欲評量【知識】層次的能力，可依據單元教材內容，評量學生是否學會該句的時間。題幹為單元教材內容，選項則列出不同的時間項目。

3. 欲評量【理解】層次的能力，將題幹換成相關新題材，選項則列出不同的時間項目。

4. 欲評量【應用】層次的能力，選項可統整教材內容或相關新題材，依範例1、2命題；亦可題幹選一教材或新題材提問時間，選項則統整教材內容或相關新題材。

(六)**語氣**

1. 下列各句所傳達的語氣，何者說明__錯誤__？【理解】
　　(A)「咨爾多士，為民前鋒」／期勉的語氣
　　(B)「嗟哉斯徒輩，其心不如禽」／斥責的語氣
　　(C)「噫！菊之愛，陶後鮮有聞」／驚訝的語氣＊
　　(D)「其恕乎！己所不欲，勿施於人」／推測的語氣

2. 下列各句何者傳達「輕視」的語氣？【應用】
　　(A)吾數年來欲買舟而下，猶未能也。子何恃而往？＊
　　(B)我軍若進，中其計也，汝輩焉知？宜速退。
　　(C)我親愛的手足，不要傷悲。
　　(D)應是母慈重，使爾悲不任。

【說明】

1. 時間可設計評量學生【知識】【理解】【應用】層次的能力。

2. 欲評量【知識】層次的能力，可依據單元教材內容，評量學生是否學會該句的語氣。題幹為單元教材內容，選項則列出不同的語氣項目。

3. 欲評量【理解】層次的能力，將題幹換成相關新題材，選項則列出不同的語氣項目，或依範例1分別提問不同的語氣。

4. 欲評量【應用】層次的能力，題幹選一教材或新題材提問時間，選項可統整教材內容或相關新題材，依範例2命題；亦可題幹選一教材或新題材提問語氣，選項則統整教材內容或相關新題材。

㈦觀點

1. 「悲觀的業務員只看到大家不需要這項產品，樂觀的業務員
   卻看到大家都還沒有這項產品。」由此可知所謂「美醜」、
   「得失」、「優劣」往往出於主觀判斷，是相對而非絕對的。
   下列文句，表達此一體認的是什麼？【應用】
   (A)魚，我所欲也，熊掌，亦我所欲也；二者不可得兼，舍魚而
      取熊掌也
   (B)以差觀之，因其所大而大之，則萬物莫不大；因其所小而小
      之，則萬物莫不小*
   (C)自其變者而觀之，則天地曾不能以一瞬；自其不變者而觀
      之，則物與我皆無盡也*
   (D)士生於世，使其中不自得，將何往而非病？使其中坦然，不
      以物傷性，將何適而非快*
   (E)富與貴，是人之所欲也；不以其道，得之不處也。貧與賤，
      是人之所惡也；不以其道，得之不去也

2. 近日臺灣社會發生一連串不法人士假借宗教名義斂財的事
   件，他們之所以能欺世盜名，招搖撞騙，可能是一般民眾誤
   信下列何種觀念？【應用】
   (A)未能事人，焉能事鬼
   (B)非其鬼而祭之，諂也
   (C)吾享祀豐潔，神必據我*
   (D)身既死兮神以靈，子魂魄兮為鬼雄

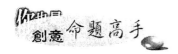
3. 人類道德，有來自社會規範，有來自人的「同理心」，如「己
所不欲，勿施於人」，即為同理心的表現。下列選項，何者是
「同理心」的表現？【應用】

(A)居廟堂之高，則憂其民；處江湖之遠，則憂其君

(B)季文子相三君，妾不衣帛，馬不食粟，君子以為忠

(C)禹思天下有溺者，猶己溺之也；稷思天下有飢者，猶己飢之
也＊

(D)子貢曰：紂之不善，不如是之甚也。是以君子惡居下流，天
下之惡皆歸焉

4. 民生富裕一向被視為立國基礎。下列文句，何者富有「藏富
於民」的思想？【應用】

(A)貨惡其棄於地也，不必藏於己。

(B)百姓足，君孰與不足？百姓不足，君孰與足？＊

(C)老者衣帛食肉，黎民不飢不寒，然而不王者，未之有也！＊

(D)河海不擇細流，故能就其深；王者不卻眾庶，故能明其德。

(E)穀與魚鱉不可勝食，材木不可勝用，是使民養生喪死無憾
也。義生喪死無憾，王道之始也。＊

5. 藉著「及時行樂」消除「人生短促」的壓迫感，是「古詩十
九首」中常見的想法。下列詩句，何者沒有表達此一想法？
【應用】

(A)一彈再三歎，慷慨有餘哀。不惜歌者苦，但傷知音稀

(B)人生天地間，忽如遠行客。斗酒相娛樂，聊厚不為薄

(C)人生寄一世，奄忽若飆塵。何不策高足，先據要路津＊

(D)生年不滿百，常懷千歲憂。晝短苦夜長，何不秉燭遊

6.下列詩句，何者表達「人生應及時行樂」的想法？【應用】
　　(A)暮從碧山下，山月隨人歸。卻顧所來徑，蒼蒼橫翠微
　　(B)蜀僧抱綠綺，西下峨嵋峰。為我一揮手，如聽萬壑松
　　(C)余亦能高詠，斯人不可聞。明朝挂帆去，楓葉落紛紛
　　(D)月既不解飲，影徒隨我身。暫伴月將影，行樂須及春＊

【說明】

1. 觀點可設計評量學生【知識】【理解】【應用】層次的能力。
2. 欲評量【知識】層次的能力，可依據單元教材內容，評量學生是否學會該句的觀點。題幹為單元教材內容，選項則列出不同的觀點項目。
3. 欲評量【理解】層次的能力，將題幹換成相關新題材，選項則列出不同的觀點項目，或各選項提問不同的觀點。
4. 欲評量【應用】層次的能力，題幹選擇某一觀點，選項可統整教材內容或相關新題材，依範例1、2、3、4、5、6命題。

(八)邏輯推理

1.下列推論何者正確？【理解】
　　(A)「唯有正直的人是君子」，所以君子都是正直的人＊

(B)「美女的命都不好」,所以命不好的人都是美女

(C)「該來的人不來」,所以不來的人都是該來的

(D)「會叫的狗不咬人」,所以不咬人的狗都會叫

2. 下列選項,何者與「誰都認為這是本好書」的意思相同? 【理解】

(A)有誰認為這是本好書呢

(B)沒人不認為這是本好書*

(C)這本書被誰認為是好書

(D)誰會認為這是本好書啊

3. 「凡是兒童搭乘公車可享優待。雯雯可持優待票乘車,所以她是兒童。」是推論無效的句子,因為優待的對象不只是兒童。下列何者不屬於這種無效的推論? 【應用】

(A)偷竊是犯罪的行為。呆呆犯罪入獄,必然是偷了他人的東西

(B)所有的學生都會有學生證。平平是大學生,所以他有學生證*

(C)有愛心的人都樂於幫助他人。阿益常常幫助別人,他絕對是個有愛心的人

(D)飲食不均衡,健康狀況必不佳。黛玉健康狀況不佳,她的飲食一定不均衡

【說明】

1. 邏輯推理可設計評量學生【知識】【理解】【應用】層次的能力。

2. 欲評量【知識】層次的能力，可依據單元教材內容，評量學生是否學會該句的邏輯推理。仿範例1命題，將選項改為單元教材內容。

3. 欲評量【理解】層次的能力，依範例1、2命題。

4. 欲評量【應用】層次的能力，題幹選擇某一觀點，選項可統整教材內容或相關新題材，依範例3命題。

二、能認識應用句子修辭

(一)擬人

1. 擬人法是「將物比擬為人」的修辭法。下列文句，何者<u>不屬於</u>擬人法？【應用】

　(A)假使海做出種種野蠻惡毒的事，那是因它無法控制自己

　(B)大自然痛下毒手，發動土石流，向破壞生態的人類抗議

　(C)走入溪頭，只見林木蔥蘢，泉水淙淙，彷彿是人間仙境*

　(D)桃花聽得入神，禁不住落了幾點粉淚，一片片凝在地上

2. 「愛熱鬧的克羅克斯」，是使用擬人化詞彙形容花木。下列何者使用相同的修辭方法？【應用】

　(A)迎風搖曳的雛菊

　(B)嬌艷欲滴的玫瑰

　(C)枝繁葉茂的榕樹

　(D)不屈不撓的松樹*

【說明】

1. 擬人可設計評量學生【知識】【應用】層次的能力。

2. 欲評量【知識】層次的能力，可依據單元教材內容，評量學生是否學會該句的修辭法。題幹為教材內容，選項為修辭法項目。

3. 欲評量【應用】層次的能力，題幹選擇擬人修辭法，選項可統整教材內容或相關新題材，依範例1、2命題。

㈡雙關

1. 樂府〈作蠶絲〉：「春蠶不應老，晝夜常懷絲。何惜微軀盡，纏綿自有時。」詩中「懷絲」為雙關語，「絲」一方面指「蠶絲」，一方面指「相思」。下列文句「」內的字、詞，具有雙關意義的選項是什麼？【應用】

(A)始欲識郎時，兩心望如一。理絲入殘機，何悟不成「匹」*

(B)經理提出男職員全部輪值夜班的草案，果然引起「公」憤*

(C)被指為與黑金掛鉤的候選人，連忙召開記者會替自己辯「白」*

(D)全新款式歐風時裝，即將於週末強力推出，絕對「讓你好看」*

(E)主辦單位擬邀請數位政治明星與偶像歌手同臺獻唱，為晚會壯大「聲」勢

【說明】

1. 雙關可設計評量學生【知識】【應用】層次的能力。

2. 欲評量【知識】層次的能力，可依據單元教材內容，評量學生是否學會該句的修辭法。題幹為教材內容，選項為修辭法項目。

3. 欲評量【應用】層次的能力，題幹選擇雙關修辭法，選項可統整教材內容或相關新題材，依範例1命題。

㈢借代

1. 「巾幗不讓鬚眉」中，「巾幗」與「鬚眉」均借用外形特徵指稱某類人。下列文句「」的詞語，使用相同修辭法的選項是什麼？【應用】

(A)黃髮「垂髫」，並怡然自樂*

(B)談笑有鴻儒，往來無「白丁」

(C)君慮周行果，非久於「布衣」者也*

(D)「傴僂」提攜往來而不絕者，滁人遊也*

(E)六軍不發無奈何，宛轉「蛾眉」馬前死*

【說明】

1. 借代可設計評量學生【知識】【應用】層次的能力。

2. 欲評量【知識】層次的能力，可依據單元教材內容，評量學生是否學會該句的修辭法。題幹為教材內容，選項為修辭法項目。

3. 欲評量【應用】層次的能力，題幹選擇借代修辭法，選
   項可統整教材內容或相關新題材，依範例1命題。

(四)對偶

1. 下列詩句，何者與「水落魚梁淺」有對偶的關係？【應用】
   (A)淺淺石溜瀉
   (B)天寒夢澤深＊
   (C)青陽逼歲除
   (D)徒有羨魚情

2. 「群季俊秀，皆為惠連；吾人歌詠，獨慚康樂」採13，24對
   偶的「隔句對」。下列文句，何者具有相同的構句方式？
   (A)時運不濟，命途多舛，馮唐易老，李廣難封
   (B)孳貨鹽田，鏟利銅山，才力雄富，士馬精妍
   (C)士有解珮出朝，一去忘返，女有揚蛾入寵，再盼傾國＊
   (D)雜花生樹，群鶯亂飛，見故國之旗鼓，感生平於疇日

【說明】

1. 對偶可設計評量學生【知識】【應用】層次的能力。

2. 欲評量【知識】層次的能力，可依據單元教材內容，評
   量學生是否學會該句的修辭法。題幹為教材內容，選項
   為修辭法項目。

3. 欲評量【應用】層次的能力，題幹選擇對偶修辭法，選
   項可統整教材內容或相關新題材，依範例1命題。

(五)層遞

1. 說話、行文時，常會依序描述事實，造成層層遞進的效果，
   如「讀書為考試，考試為升學，升學為留學」。下列何者使用
   相同的修辭法？【應用】
   (A)生，於我乎館；死，於我乎殯
   (B)管夷吾舉於士，孫叔敖舉於海，百里奚舉於市
   (C)一日之計在於晨，一歲之計在於春，一生之計在於勤＊
   (D)知之為知之，不知為不知，是知也。

2. 「顧修史固難，修臺之史更難，以今日修之尤難」一句，使
   用文意層層推進的修辭法。下列文句，採用相同修辭法的選
   項是什麼？【應用】
   (A)九姑之聲清以越，六姑之聲緩以蒼，四姑之聲嬌以婉
   (B)不違農時，穀不可勝食也；數罟不入洿池，魚鱉不可勝食
   也；斧斤以時入山林，材木不可勝用
   (C)始臣之解牛之時，所見無非牛者；三年之後，未嘗見全牛
   也。方今之時，臣以神遇而不以目視，官知止而神欲行＊
   (D)初看傲來峰削壁千仞，以為上與天通；及至翻到傲來峰頂，
   才見扇子崖更在傲來峰上；及至翻到扇子崖，又見南天門更
   在扇子崖上；愈翻愈險，愈險愈奇＊
   (E)說到對土地的感情，穿皮鞋的不如穿布鞋的，穿布鞋的不如
   穿草鞋的跟赤腳的。連赤腳也有程度之分，那些踏過水田裡
   爛泥漿的腳，就要比走硬土的人感受得更加深刻一些＊

【說明】

1. 層遞可設計評量學生【知識】【應用】層次的能力。

2. 欲評量【知識】層次的能力，可依據單元教材內容，評量學生是否學會該句的修辭法。題幹為教材內容，選項為修辭法項目。

3. 欲評量【應用】層次的能力，題幹選擇層遞修辭法，選項可統整教材內容或相關新題材，依範例1、2命題。

㈥譬喻

1. 文學作品常使用比喻。所謂比喻，即發揮聯想，以乙物描繪原有甲物的特徵。例如「我的心情像土撥鼠在挖洞」，就是以「土撥鼠挖洞」比喻「想找到出口」的心情。下列《神雕俠侶》的文句，使用比喻修辭法的選項是什麼？〔應用〕

(A)他順勢划上，過不多時，波的一響，衝出了水面，只覺陽光耀眼，花香撲鼻，竟是別有天地

(B)轉過一個山峽，水聲震耳欲聾，只見山峰間一條大白龍似的瀑布奔瀉而下，衝入一條溪流，奔騰雷鳴，湍急異常＊

(C)只見一個白衣女郎緩緩的從廳外長廊上走過，淡淡陽光照在她蒼白的臉上，清清冷冷，陽光似乎變成了月光＊

(D)楊過日日在海潮之中練劍，朝夕如是，寒暑不間。木劍擊刺之聲越練越響，到後來竟有轟轟之聲。響了數月，劍聲又漸漸輕了，終至寂然無聲

(E)朱子柳突然除下頭頂帽子，往地下一擲，長袖飛舞，狂奔疾

走，出招全然不依章法。但見他如瘋如癲、如酒醉、如中邪，筆意淋漓，指走龍蛇＊

【說明】

1. 譬喻可設計評量學生【知識】【應用】層次的能力。
2. 欲評量【知識】層次的能力，可依據單元教材內容，評量學生是否學會該句的修辭法。題幹為教材內容，選項為修辭法項目。
3. 欲評量【應用】層次的能力，題幹選擇譬喻修辭法，選項可統整教材內容或相關新題材，依範例1命題。

㈦映襯

1. 「人無遠慮，必有近憂」，是以「遠」、「近」對比的「映襯」的修辭法，強調思慮的重要。下列何者也使用相同的修辭法？【應用】
   ⑷多少西瓜，多少圓渾的希望
   ⑻路是無聲的語言，無形的文字
   ⒞知之者不如好之者，好之者不如樂之者
   ⑼寧可有光明的失敗，絕不要不榮譽的成功＊

【說明】

1. 映襯可設計評量學生【知識】【應用】層次的能力。
2. 欲評量【知識】層次的能力，可依據單元教材內容，評量學生是否學會該句的修辭法。題幹為教材內容，選項

為修辭法項目。

3. 欲評量【應用】層次的能力，題幹選擇映襯修辭法，選項可統整教材內容或相關新題材，依範例1命題。

㈧誇飾

1. 下列文句，以誇張的修辭法加強讀者印象的是什麼？〔應用〕

　　甲、天臺四萬八千丈，對此欲倒東南傾

　　乙、臉好油，油到簡直可以煎蛋了

　　丙、太陽已冷，星月已冷，太平洋的浪被砲火煮開也都冷了

　　丁、魚都很小，不及一隻食指之大，在清水卵石間緩緩移動

　　戊、任誓言一千遍、一萬遍、一千年、一萬年，牽絆我不能如願

　　己、冷杉林下的箭竹全埋在雪下；冷杉枝葉上也全是厚厚的白，似棉花的堆積，似刨冰

　(A)甲乙丙戊*

　(B)乙丙丁戊

　(C)甲丙丁戊己

　(D)甲乙丙丁戊己

【說明】

1. 誇飾可設計評量學生【知識】【應用】層次的能力。

2. 欲評量【知識】層次的能力，可依據單元教材內容，評量學生是否學會該句的修辭法。題幹為教材內容，選項為修辭法項目。

3. 欲評量【應用】層次的能力，題幹選擇誇飾修辭法，選項可統整教材內容或相關新題材，依範例1命題。

(九)表現手法

甲、論點表現法

1. 下列文句所做的結論，何者採用「以小見大」的類推方式，表達堅定的信心？【應用】

(A)貧僧曰：「吾一瓶一缽足矣」

(B)文帝曰：「令他馬，固不敗傷我乎」

(C)父曰：「一室之不治，何以天下國家為」 *

(D)愚公曰：「山不加增，何苦而不平」

2. 歸納法是先分敘個別事實，再歸納一個概括性的結論。下列文句的結論，何者使用歸納法？【應用】

(A)國父在顛沛流離之中，仍不忘讀書。《淮南子》認為找不到時間讀書的人，即使有空也不可能讀書 *

(B)他平常對人樸拙得像不會說話，但遇著該發言的時候，卻又辯才無礙

(C)在奮鬥的過程中，沒有誰是應該成功的，亦沒有誰是應該失敗的。成敗的關鍵，在於我們走什麼路？朝什麼方向走？以及如何走

(D)作主是對自己的行為負完全的責任，甚至對別人負責！因為個人的行為會影響別人，當然自己作主，也就要考慮對別人的影響

【說明】

1. 論點表現法可設計評量學生【知識】【應用】層次的能力。

2. 欲評量【知識】層次的能力，可依據單元教材內容，評量學生是否學會該句的論點表現法。題幹為教材內容，選項為論點表現法項目。

3. 欲評量【應用】層次的能力，題幹選擇論點表現法，選項可統整教材內容或相關新題材，依範例1、2命題。

乙、情境表現法

1. 對於景物的描寫，下列何者採取「由近及遠」的表現手法？

【應用】

(A)新竹壓簷桑四圍，小齋幽敞明朱曦

(B)風煙俱淨，天山共色，從流飄蕩，任意東西

(C)溫泉水煙貼伏著坡地，如湖波緩緩湧去，五里外的小鎮燈火，在松針稀疏處閃爍*

(D)朝陽撒著粉黃色的光輝，把小草樹裝潢得新鮮妍麗，草葉上露珠閃爍

2. 下列選項何者採用「以壯闊背景烘托主體孤單」的表現手法？

(A)巫峽啼猿數行淚，衡陽歸雁幾封書

(B)黃河遠上白雲間，一片孤城萬仞山*

(C)關城樹色催寒近，御苑砧聲向晚多

(D)瀚海闌干百丈冰，愁雲慘淡萬里凝

【說明】

1. 情境表現法可設計評量學生【知識】【應用】層次的能力。

2. 欲評量【知識】層次的能力，可依據單元教材內容，評量學生是否學會該句的情境表現法。題幹為教材內容，選項為情境表現法項目。

3. 欲評量【應用】層次的能力，題幹選擇情境表現法，選項可統整教材內容或相關新題材，依範例1、2命題。

丙、借物寓意表現法

1. 中國古典詩歌中，常有表面不明言，實則以物寓意，別有寄託的表現手法。下列詩句「」內的字、詞，屬於「別有寄託寓意」的選項是什麼？【應用】

(A)「寒山」轉蒼翠，秋水日潺湲

(B)「籠鳥檻猿」俱未死，人間相見是何年＊

(C)總為浮雲能蔽「日」，長安不見使人愁＊

(D)暖日宜乘轎，春風堪信馬，恰寒食有二百處「秋千」架

(E)桂棹兮蘭槳，擊空明兮泝流光。渺渺兮予懷，望「美人」兮天一方＊

2. 陶淵明〈飲酒詩之五〉的「採菊東籬下，悠然見南山」，表現主體（我）與客體（自然）融合為一的境界，「南山」即詩人人格的投射。下列詩句何者具有「人格投射」的寓意？〔應

用】
(A)王維〈漢江臨汎〉:「襄陽好風日,留醉與山翁。」

(B)李白〈獨坐敬亭山〉:「相看兩不厭,只有敬亭山。」＊

(C)孟浩然〈過故人莊〉:「綠樹村邊合,青山郭外斜。」

(D)劉長卿〈碧澗別墅喜皇甫侍御相訪〉:「古路無行客,寒山
獨見君。」

3. 李白〈靜夜思〉:「舉頭望明月,低頭思故鄉」,因「月亮」
而觸動「思鄉」之情,是中國詩裡常見的表現方式。下列詩
句,屬於此種表現手法的是什麼? 〔應用〕

(A)獨坐幽篁裡,彈琴復長嘯。深林人不知,明月來相照

(B)遠夢歸侵曉,家書到隔年。滄江好煙月,門繫釣魚船＊

(C)三湘愁鬢逢秋色,萬里歸心對月明。舊業已隨征戰盡,更堪
江上鼓鼙聲＊

(D)回樂峰前沙似雪,受降城外月如霜。不知何處吹蘆管,一夜
征人盡望鄉＊

(E)煙籠寒水月籠沙,夜泊秦淮近酒家。商女不知亡國恨,隔江
猶唱後庭花

4. 「時間」是中國文學作品中普遍而重要的主題,作者往往著
鮮明的時間意識表達他對生命的感懷。下列詩句,何者屬於
這種表現法? 〔應用〕

(A)從來繫日乏長繩,水去雲回恨不勝＊

(B)對酒當歌,人生幾何?譬如朝露,去日苦多＊

(C)盛壯不留,容華易朽,如彼槁葉,有似過隟＊

(D)黃河走東溟，白日落西海。逝川與流光，飄忽不相待*

(E)浩浩陰陽移，去命如朝露。人生忽如寄，壽無金石固*

【說明】

1. 借物寓意表現法可設計評量學生【知識】【應用】層次的能力。

2. 欲評量【知識】層次的能力，可依據單元教材內容，評量學生是否學會該句的借物寓意表現法。題幹為教材內容，選項為借物寓意表現法項目。

3. 欲評量【應用】層次的能力，題幹選擇借物寓意表現法，選項可統整教材內容或相關新題材，依範例1、2、3、4命題。

㈩描寫技巧

1. 下列文句，何者採用「味覺描寫景物」的表現手法？【應用】

(A)那一片漂浮的獨白，像滲在泡沫裡的乳酪；而整條河面則是無可加深的墨黑

(B)燈燭飄搖，煙篆裊繞，龕座上的神像彷彿陷入陰影中沈思

(C)風裡帶來些新翻泥土的氣息，混著青草味，還有各種花的香，都在微微潤溼的空氣裡醞釀

(D)山裡的霧像初泡的烏龍，帶著一絲甘醇，無聲無息地滲入人的每一吋肌膚*

2. 下列選項何者使用「化抽象為具體」的表現手法？

⑷潛能並不是裝在口袋裡，你想用就能用的東西＊

⑻路是我已婚的伴侶，她整天在我腳底下說話

⑼這小花躺在塵土裡，它尋覓那蝴蝶的路徑

⑽當烏雲被陽光輕吻時，它便化成天上的花朵

3. 以形象化的語言描繪抽象的情思，可使讀者獲得更鮮明的印
   象、更確實的感動，如「母愛是曬衣場上曬乾的衣服，暖暖
   的，有太陽的氣味」，比「母愛是世間最溫馨無私的愛」更加
   具體可感。下列運用這種技巧的選項是什麼？〔應用〕
   ⑷砌下落梅如雪亂，拂了一身還滿＊
   ⑻西湖最盛，為春為月。一日之盛，為朝煙，為夕嵐
   ⑼是夜大霧漫天，長江之中，霧氣更甚，對面不相見
   ⑽孤獨是一匹衰老的獸／潛伏在我亂石磊磊的心裡＊
   ⑾忽然想起／但傷感是微微的了／如遠去的船／船邊的水紋＊

4. 文學作品中，常見將抽象聽覺具體形象化的技法，例如白居
   易〈琵琶行〉將琵琶聲之激越，以「銀瓶乍破水漿迸，鐵騎
   突出刀槍鳴」具體形象化。下列文句採用「將抽象聽覺具體
   形象化」表現手法的選項是什麼？〔應用〕
   ⑷張讓〈夏天燃起一把火〉：陽光好亮，透過葉隙叮叮噹噹擲
      下一大把金幣
   ⑻楊牧〈山谷記載〉：我躲進有紗窗的屋裡，聽蚊蚋撞玻璃門
      的聲音，青蛙跳水的聲音
   ⑼張秀亞〈杏黃月〉：那低咽的簫聲又傳來了，幽幽的，如同
      一隻到處漫遊的火焰微弱的螢蟲，飛到她心中＊

(D)歐陽修〈秋聲賦〉：歐陽子方夜讀書，聞有聲自西南來者……初淅瀝以蕭颯，忽奔騰而砰湃……又如赴敵之兵，銜枚疾走，不聞號令，但聞人馬之行聲＊

(E)劉鶚〈明湖居聽書〉：彷彿有一點聲音，從地底下發出。這一出之後，忽又揚起，像放那東洋煙火，一個彈子上天，隨化作千百道五色火光，縱橫散亂，這一聲飛起，即有無限聲音，俱來並發＊

5. 閱讀中國古典詩歌往往需要注意詩中聲音、意義的搭配，方能體會其精緻與優美。如王維〈觀獵〉：「草枯鷹眼疾，雪盡馬蹄輕。忽過新豐市，還歸細柳營。」不但可在「疾」、「輕」的聲音中感受到鷹眼的敏銳、馬蹄飛馳的輕捷，也可在「忽過」、「還歸」的地點快速轉換中，體會出行進的速度感。下列詩句同樣表達出「快速行進感」的選項是什麼？〔應用〕

(A)曹植〈白馬篇〉：仰手接飛猱，俯身散馬蹄。狡捷過猴猿，勇剽若豹螭＊

(B)黃庭堅〈登快閣〉：癡兒了卻公家事，快閣東西倚晚晴。落木千山天遠大，澄江一道月分明

(C)李白〈早發白帝城〉：朝辭白帝彩雲間，千里江陵一日還。兩岸猿聲啼不住，輕舟已過萬重山＊

(D)杜甫〈聞官軍收河南河北〉：白日放歌須縱酒，青春作伴好還鄉。即從巴峽穿巫峽，便下襄陽向洛陽＊

(E)李白〈黃鶴樓送孟浩然之廣陵〉：故人西辭黃鶴樓，煙花三月下揚州。孤帆遠影碧山盡，惟見長江天際流

6. 詩歌有直接抒發主觀情感者，也有安排人物對話或事件加以敘述者。下列詩句，屬於後者的選項是什麼？【應用】

(A)對酒當歌，人生幾何？譬如朝露，去日苦多。慨當以慷，憂思難忘

(B)下馬飲君酒，問君何所之？君言不得意，歸臥南山陲。但去莫復問，白雲無盡時＊

(C)君不見，黃河之水天上來，奔流到海不復回。君不見，高堂明鏡悲白髮，朝如青絲暮成雪

(D)吏呼一何怒！婦啼一何苦！聽婦前致詞，三男鄴城戍，一男附書至，二男新戰死。存者且偷生，死者長已矣＊

(E)問女何所思？問女何所憶？女亦無所思，女亦無所憶。昨夜見軍帖，可汗大點兵。軍書十二卷，卷卷有爺名＊

【說明】

1. 描寫技巧可設計評量學生【知識】【應用】層次的能力。

2. 欲評量【知識】層次的能力，可依據單元教材內容，評量學生是否學會該句的描寫技巧。題幹為教材內容，選項為描寫技巧項目。

3. 欲評量【應用】層次的能力，題幹選擇描寫技巧，選項可統整教材內容或相關新題材，依範例1、2、3、4、5、6命題。

㈩說話技巧

1. 下列有關人物說話技巧的敘述，正確的選項是什麼？【應用】

(A)齊湣王對孟嘗君說：「寡人不詳，被於宗廟之祟，沉於諂諛之臣，開罪於君。」是欲以「受到迷惑」的託辭，取得孟嘗君對他罷免其相位的諒解*

(B)紅拂問明虯客姓「張」後，隨即說：「妾亦姓張，合是妹。」是欲以「結為兄妹」的方式，抑制虯髯客的愛慕之意，並消除李靖因此所產生的不滿*

(C)燭之武對鄭文公說：「臣之壯也，猶不如人；今老矣，無能為也已。」是以坦承自己「技不如人」的謙遜，避免鄭文公因為過去未曾重用他而感到內疚

(D)劉老老向眾人說：「我雖老了，年輕時也風流，愛個花兒粉兒的，今兒索性做個老風流！」是以「調侃自己」的方式，將鳳姐插了她滿頭花的捉弄轉化成詼諧的笑料*

(E)劉邦請項伯轉告項羽：「吾入關，秋毫不敢有所近，籍吏民，封府庫，而待將軍。所以遣將守關者，備他盜之出入與非常也。」是以「甘為前鋒」的姿態，降低項羽對他的敵意*

【說明】

1. 說話技巧可設計評量學生【知識】【應用】層次的能力。

2. 欲評量【知識】層次的能力，可依據單元教材內容，評量學生是否學會該句的說話技巧。題幹為教材內容，選項為說話技巧項目。

3. 欲評量【應用】層次的能力，題幹選擇說話技巧，選項可統整教材內容或相關新題材，依範例1命題；或題幹提問某一說話技巧，選項統整教材內容或相關新題材。

三、能認識應用句子文法

㈠句子種類

1. 「居里夫人是一位科學家」是「主語＋斷語」構成的判斷
   句，下列各句，從句型上說，何者也屬於判斷句？【應用】
   (A)天下無不是的父母
   (B)他最近迷上武俠小說
   (C)湛藍的海低低地呼喚著
   (D)自信心才是成功的基石＊

2. 「天下沒有白吃的午餐」是「有無句」。下列何者也是「有無
   句」？【應用】
   (A)沒有人肯跟他講話
   (B)他有一顆善良的心＊
   (C)有恆為成功之本
   (D)有志者事竟成

3. 「冬天來了，春天還會遠嗎？」雖然是個問句，其實答案就
   在問題的反面：「春天不遠了。」下列問句，何者的句法與
   此相同？【應用】
   (A)什麼是世界上最美麗的東西？
   (B)我們的日子為什麼一去不復返呢？
   (C)哪個年輕的心不對愛情懷抱憧憬？＊
   (D)你道鐵公是誰？就是明初與燕王為難的那個鐵鉉

4. 古人為文，有時會使用反詰語氣，增加文句變化，這類文句通常是無疑而問的，只是用問句的形式表示肯定或否定，並不一定要求回答，如《戰國策》：「嘻！亦太甚矣，先生又惡能使秦王烹醢梁王」。下列各選項，何者<u>不屬於</u>反詰語氣？

【應用】

　(A)長鋏歸來乎！無以為家*

　(B)四海之內，皆兄弟也。君子何患乎無兄弟也

　(C)學而時習之，不亦說乎？有朋自遠方來，不亦樂乎

　(D)許君焦、瑕，朝濟而夕設版焉！君之所知也。夫晉，何厭之有？

5. 下列文句，使用「被動式」的選項是什麼？【應用】

　(A)百姓之不見保，為不用恩焉*

　(B)里語曰：家有敝帚，享之千金。斯不自見之患也

　(C)子夏既除喪而見，予之琴，和之不和，彈之而不成聲

　(D)古之人目短於自見，故以鏡觀面；智短於自知，故以道正己

6. 下列詞句，何者<u>不屬於</u>「自問自答」的表達方式？

　(A)問君能有幾多愁？恰似一江春水向東流

　(B)天下英雄誰敵手？曹劉。生子當如孫仲謀

　(C)柔情似水，佳期如夢，忍顧鵲橋歸路？兩情若是久長時，又豈在朝朝暮暮*

　(D)多情自古傷離別，更那堪，冷落清秋節。今宵酒醒何處？楊柳岸，曉風殘月

【說明】

1. 句子種類可設計評量學生【知識】【應用】層次的能力。

2. 欲評量【知識】層次的能力，可依據單元教材內容，評量學生是否學會該句種類。題幹為教材內容，選項為說句子種類項目。

3. 欲評量【應用】層次的能力，題幹選擇說話技巧，選項可統整教材內容或相關新題材，依範例1、2、3、4命題。

㈡句法結構

1.「喝酒不開車，開車不喝酒」的句法結構，是改換上句結構次序形成下句。下列文句，具有相同句法結構的選項是什麼？【應用】

　(A)詩中有畫，畫中有詩＊

　(B)信言不美，美言不信＊

　(C)我泥中有你，你泥中有我＊

　(D)君子周而不比，小人比而不周

　(E)月光戀愛著海洋，海洋戀愛著月光＊

2. 下列詩句何者與「風鳴兩岸葉，月照一孤舟」的句法結構相同？

　(A)功蓋三分國，名成八陣圖＊

　(B)夜雨翦春韭，新炊間黃粱

(C)倚仗柴門外，臨風聽暮蟬

(D)採菊東籬下，悠然見南山

3. 溫庭筠〈商山早行〉：「雞聲茅店月，人跡板橋霜」，捨棄一切語法關係，全用名詞，羅列出視覺及聽覺等意象，以表現遊子早行之時空場景下的羈愁旅思。下列詩句具有相同句法結構的選項是什麼？【應用】

(A)風鳴兩岸葉，月照一孤舟

(B)鳥聲梅店雨，野色柳橋春＊

(C)大漠孤煙直，長河落日圓

(D)渡頭餘落日，墟里上孤煙

4. 王維〈山居秋暝〉：「竹喧歸浣女，蓮動下漁舟」，這兩句詩均顛倒敘述順序，先寫「結果」(竹喧、蓮動)，再寫「原因」(浣女歸、漁舟下)。下列詩句，何者也有相似的句型結構？【應用】

(A)野曠天低樹，江清月近人

(B)不才明主棄，多病故人疏

(C)滅燭憐光滿，披衣覺露滋＊

(D)國破山河在，城春草木深

【說明】

1. 句法結構可設計評量學生【知識】【應用】層次的能力。

2. 欲評量【知識】層次的能力，可依據單元教材內容，評量學生是否學會該句法結構。題幹為教材內容，選項為

　　句法結構項目。

3. 欲評量【應用】層次的能力，題幹選擇某一句法結構，
　　選項可統整教材內容或相關新題材，依範例1、2、3、4
　　命題。

㈢句法節奏

1. 詩的語言有其節奏，如五言絕句多以2－3音節成句〔白日‧
　　依山盡〕，七言絕句多以4－3音節成句〔一片孤城‧萬仞
　　山〕。現代詩相較於古詩，在形式上是自由的，但也未嘗不重
　　視節奏。下列詩句的節奏，何者與其他選項<u>不同</u>？【應用】
　　(A)柔嫩的薔薇刺上，還掛著你的宿淚＊
　　(B)我們並立天河下，人間已落沉睡裡
　　(C)真道相思了無益，未妨惆悵是清狂
　　(D)香稻啄餘鸚鵡粒，碧梧棲老鳳凰枝

【說明】

1. 句法節奏可設計評量學生【知識】【應用】層次的能力。

2. 欲評量【知識】層次的能力，可依據單元教材內容，評
　　量學生是否學會該句法節奏。題幹為教材內容，選項為
　　節奏分析項目。

3. 欲評量【應用】層次的能力，題幹說明某一句法節奏，
　　選項統整教材內容或相關新題材；亦可依範例1命題。

㆕複句

甲、比較關係

1. 下列文句，具有二者間高低優劣比較意義的選項是什麼？〔應用〕

　(A)傅毅之於班固，伯仲之間耳＊

　(B)與少樂樂，與眾樂樂，孰樂＊

　(C)停車坐愛楓林晚，霜葉紅於二月花＊

　(D)爾為爾，我為我，雖袒裼裸裎於我側，爾焉能浼我哉

　(E)我非子，固不知子矣，子固非魚，子之不知魚之樂全矣

【說明】

1. 比較關係可設計評量學生【知識】【應用】層次的能力。

2. 欲評量【知識】層次的能力，可依據單元教材內容，評量學生是否學會該句的複句結構。題幹為教材內容，選項為複句結構項目。

3. 欲評量【應用】層次的能力，題幹說明某㆒複句結構，選項統整教材內容或相關新題材，依範例1命題。

乙、因果關係

1. 下列文句，述及事件前因後果的選項是什麼？〔應用〕

　(A)三折肱而成良醫＊

　(B)君子多欲，則貪慕富貴，枉道速禍＊

　(C)獨孤臣孽子，其操心也危，其慮患也深，故達＊

　(D)居廟堂之高，則憂其民；處江湖之遠，則憂其君

(E)昔者先王知兵之不可去也，是故天下雖平，不敢忘戰＊

【說明】

1. 因果關係可設計評量學生【知識】【應用】層次的能力。

2. 欲評量【知識】層次的能力，可依據單元教材內容，評量學生是否學會該句的複句結構。題幹為教材內容，選項為複句結構項目。

3. 欲評量【應用】層次的能力，題幹說明某一複句結構，選項統整教材內容或相關新題材，依範例1命題。

參、認識段落相關知識

一、能認識理解段落涵義

㈠標題

1. 閱讀下文，並推斷何者可做為它的題目？〔理解〕

　　　　店鋪主人對伍子說：「做買賣就要學我才不吃虧。我們鋪子裡的那塊波蘭呢料已放了很久，受潮、發霉、蟲蛀，可是我把它冒充美國貨來出售，很快就賣出去了，還多賺了一大筆錢。哈！老天爺派了個糊塗蟲給我。」伍子恭敬地回答：「是，是，這話不假。我不知究竟誰是糊塗蟲？您瞧，他給了一疊假鈔票。」

(A)掛羊頭，賣狗肉

(B)薑是老的辣

(C)邪不勝正

(D)惡有惡報＊

2. 閱讀下列報導，並推論何者最適合當作它的標題？〔理解〕

　　報載：「苗栗竹南龍鳳漁港，有漁民發現二、三百隻臺灣原生種斑龜。根據縣政府判斷，可能是有人買來放生。可是斑龜屬陸上淡水型烏龜，把牠們放生到海邊，說是放生，事實上卻是殺生。」

(A)愛，就是還他自由

(B)過度的溺愛是一種傷害

(C)錯誤的放生，是一種滅絕的行為＊

(D)愛惜生命，不要再有放生的行為

【說明】

1. 標題可設計評量學生【知識】【理解】層次的能力。

2. 欲評量【知識】層次的能力，可依據單元教材內容，評量學生是否學會該段的標題。題幹為教材內容，選項為標題項目。

3. 欲評量【理解】層次的能力，可依據新題材，依範例1、2命題。

㈡要旨

1. 閱讀下文，並推斷它是說明什麼道理？〔理解〕

在工商界，有才幹的人基本上是受大家歡迎與肯定的。
不過，有一種人則不然。這種人雖然有些本事，可是傲氣十
足，凡事都認為「非我不可」，甚至自我膨脹，認為個人在
公司的地位無人可取代。最後，這些人由於缺乏謙沖的修
養，都與失敗者畫上了等號。

(A)有才幹的人總會成功的

(B)不知謙沖，雖有才幹也不能成功

(C)自信自立，能得到他人的尊敬

(D)才幹加上謙虛才能成功＊

2.閱讀下文，並推斷周瑜具備何種特質？〔理解〕

　　瑜少精意於音樂，雖三爵之後，其有闕誤，瑜必知之，
知之必顧。故時人曰：「曲有誤，周郎顧」。

(A)專精的音樂素養＊

(B)嶔崎磊落的品格

(C)犯顏直諫的勇氣

(D)千杯不醉的海量

【說明】

1. 標題可設計評量學生【知識】【理解】層次的能力。

2. 欲評量【知識】層次的能力，可依據單元教材內容，評
量學生是否學會該段與要旨相關的內容。題幹為教材內
容，選項為要旨相關項目。

3. 欲評量【理解】層次的能力，可依據新題材，依範例1、
2命題。

㈢內容

1.閱讀下文，並推斷有關內容的說明何者正確？〔理解〕

　　　　我國自古就懂得種茶、製茶和飲茶。最初，茶被當作一種藥材。據可靠記載，西漢時，茶才成為一種飲料。唐朝飲茶的風氣更為普遍，並且將喝茶習慣傳到日本。十七世紀初，我國茶葉輸入歐洲。茶，從此成為世界性的飲料。

(A)我國從漢代開始種植茶樹

(B)茶在中國是藥材也是飲料*

(C)中國人喝茶的習慣是由日本傳入的

(D)十七世紀時製茶方式由歐洲輸入中國

【說明】

1. 內容可設計評量學生【知識】【理解】層次的能力。

2. 欲評量【知識】層次的能力，可依據單元教材內容，評量學生是否學會該段內容相關的訊息。題幹為教材內容，選項為訊息相關項目。

3. 欲評量【理解】層次的能力，可依據新題材，依範例1命題。

㈣觀點

1.閱讀下文，並推斷何者最能說明作者的心境？〔理解〕

　　　　庭中如積水空明，水中藻荇交橫，蓋竹柏影也。何夜無月？何處無竹柏？但少閒人如吾兩人耳！──選自蘇軾〈記

承天寺夜遊〉【理解】

(A)忙人無是非，閑人是非多

(B)人閑桂花落，夜靜春山空

(C)人莫樂於閑，非無所事事之謂也

(D)江山風月，本無常主，閑者便是主人*

【說明】

1. 觀點可設計評量學生【知識】【理解】層次的能力。

2. 欲評量【知識】層次的能力，可依據單元教材內容，評量學生是否學會該段的觀點。題幹為教材內容，選項為觀點相關項目。

3. 欲評量【理解】層次的能力，可依據新題材，依範例1命題。

(五)思想

1.閱讀下文並推斷它的寓意？【理解】

方仲永為一農家子弟，五歲時無師自通寫了一首詩，不但極富意義，文詞運用亦巧妙，眾人皆讚為奇才。其父遂帶領仲永四處展現才藝，卻未曾安排他接受教育。久之，仲永奇才就不復存在了。

(A)學而時習之，不亦說乎

(B)聰與敏，可恃而不可恃也*

(C)謂學不暇給者，雖暇亦不能學

(D)一日暴之，十日寒之，未有能生者也

【說明】

1. 思想可設計評量學生【知識】【理解】層次的能力。
2. 欲評量【知識】層次的能力，可依據單元教材內容，評量學生是否學會該段的重要寓意。題幹為教材內容，選項為寓意相關項目。
3. 欲評量【理解】層次的能力，可依據新題材，依範例1命題。

(六)推論

1. 「生命是一天天長大的，人也是一樣，是不允許維持現狀的。所謂生命的規律，隱藏著無限的殘酷，如果停止生長，瞬間即將走向死亡。」根據本文，下列推論何者錯誤？〔理解〕

　(A)就社會而言，維持現狀是遏止變化衝擊的生存之道＊
　(B)就人而言，智慧的追求如逆水行舟，不成長，便退化
　(C)就一個公司的業績而言，不求蒸蒸日上，必然逐漸衰退
　(D)生命必須像一條輕唱的小溪，蜿蜒向前，才不會成為一池污水

2. 閱讀下文，並推斷它是什麼性質的海報？〔理解〕

　　孤單老人不孤獨─因為有你！

　　你可知道─

　　在臺灣有越來越多老人需要有人陪伴，

現在，

只要你每週撥出二~四小時，

陪他們聊聊天，幫他們料理生活上的瑣事，

就能讓他們過得快樂、活得充實，

幫助老人，請加入我們的行列！

(A)徵求為老人服務的志工廣告＊

(B)為家中老人徵求短期看護的啟事

(C)「老人諮詢專線」招募義工的啟事

(D)呼籲「孝養家中長輩」的公益廣告

3.閱讀下列對話，並推斷誰的話是真正在表達心中的疑問？〔理

　解〕

準備餵小狗吃飯的老爸：「誰吃了我放在餐桌上的狗罐頭？」

兒子大驚失色：「你說什麼？」

女兒幸災樂禍：「誰叫你嘴饞呢?」

老媽氣急敗壞：「你怎麼把狗罐頭隨便亂放呢?」

(A)老爸＊

(B)兒子

(C)女兒

(D)老媽

【說明】

1. 推論可設計評量學生【知識】【理解】層次的能力。

2. 欲評量【知識】層次的能力，可依據單元教材內容，評

　 量學生是否學會該段的推論。題幹為教材內容，選項為

推論相關項目。

3. 欲評量【理解】層次的能力，可依據新題材，依範例1、2、3命題。

二、能認識分析段落表現手法

1. 閱讀下文，並推斷作者在文中安排妻子不斷重複「珠—珠—珠」的呼叫聲，是暗示妻子的何種心態？【分析】

　　傍晚，妻餵雞，我發覺那隻母雞已經不在了，便記起她跟我說的話。

　「你把母雞宰了？」我問她。

　「珠—珠—珠—」她向草坡那面高聲叫雞。

　「宰了！」她邊叫邊說：「都說餓瘦了可惜嘛。珠珠—」

(A)召喚雞群多吃穀粒

(B)抱怨工作太辛苦

(C)掩飾殺雞的不安＊

(D)擔心大雞欺負小雞

【說明】

1. 表現手法可設計評量學生【知識】【分析】層次的能力。

2. 欲評量【知識】層次的能力，可依據單元教材內容，評量學生是否學會該段的表現手法。題幹為教材內容，選項為表現手法項目。

3. 欲評量【分析】層次的能力，可先歸納教材各類表現手法，安排新題材，仿範例1命題。

三、能認識分析段落文法

1. 現代詩為求特殊效果，常將原本符合語法結構的句子分行割裂，如林泠〈不繫之舟〉：「我將悄悄自無涯返回有涯，然後／再悄悄離去」，「然後再悄悄離去」本是一完整句子，但詩人卻分行割裂以強化離去之輕悄無息。下列詩句，屬於此種表現方式的選項是什麼？【分析】

(A)東風不來，三月的柳絮不飛

你底心如小小的寂寞的城

恰如青石的街道向晚

(B)風起的時候

一隻蜻蜓從池塘的皺紋上面起飛

一株花拒絕了一隻蝴蝶

一朵雲推開了一座山

(C)我在駝峰

看到天地的行腳

一步步緩緩逼來

帶著風塵，和我

迎面撞擊*

(D)河邊，垂釣者的對話

在水中寫成漣漪，交由

水鳥在山谷中傳誦*

(E)於是，我的靈魂也醒了，我知道

既渡的我將異於

未渡的我，我知道

彼岸的我不能復原為

此岸的我*

【說明】

1. 文法可設計評量學生【知識】【分析】層次的能力。

2. 欲評量【知識】層次的能力，可依據單元教材內容，評量學生是否學會該段的文法。題幹為教材內容，選項為文法項目。

3. 欲評量【分析】層次的能力，可先歸納教材各類表現手法，安排新題材，仿範例1命題。

肆、認識篇章相關知識

一、能認識分析篇章文體特色

1. 閱讀下詩並分析它為何不是「五言律詩」？【分析】

種豆南山下，草盛豆苗稀。晨興理荒穢，帶月荷鋤歸。道狹草木長，夕露沾我衣。衣沾不足惜，但使願無違。

(A)句數太多

(C)第二聯及第三聯均無對仗*

(B)偶數句沒有押韻

(D)不合乎起承轉合的型式

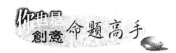

【說明】

1. 文體特色可設計評量學生【知識】【分析】層次的能力。

2. 欲評量【知識】層次的能力，可依據單元教材內容，評
   量學生是否學會該篇章的文體特色。仿範例1命題，題幹
   為教材內容，選項為文體特色項目。

3. 欲評量【分析】層次的能力，可先歸納教材各類文體特
   色，安排新題材，仿範例1命題。

二、能認識分析篇章表現手法

1. 閱讀下列韻文，並推斷有關它「內容描寫特色」的說明，何
   者正確？〔分析〕

   > 茅簷低小，溪上青青草。醉裡吳音相媚好，白髮誰家翁媼？
   > 大兒鋤豆溪東，中兒正織雞籠，最喜小兒亡賴，溪頭臥剝蓮
   > 蓬。

   (A)先寫空間，再寫時間
   (B)先寫景物，再寫人情＊
   (C)先寫遠景，再寫近景
   (D)先寫事理，再寫感想

【說明】

1. 表現手法可設計評量學生【知識】【分析】層次的能力。

2. 欲評量【知識】層次的能力，可依據單元教材內容，評
   量學生是否學會該篇章的表現手法。仿範例1命題，題幹

　　為教材內容，選項為表現手法項目。

3. 欲評量【分析】層次的能力，可先歸納教材各類表現手
　法，安排新題材，仿範例1命題。

三、能認識分析篇章內容

1. 閱讀下列韻文，並推斷有關它內容的說明，較正確的是什
　麼？【分析】

　　松下問童子，言師採藥去。只在此山中，雲深不知處

(A)本詩是用問答的形式組成，詩中所涉及的人物只有二人

(B)今音與古音雖有不同，但仍可推這首詩的韻腳應是「去、
　處」＊

(C)「只在此山中，雲深不知處」此句可視為童子的回答，也可
　視為問者尋訪不遇的情形＊

(D)這首詩的描寫，運用了空間推移的技巧——由近至遠，由小
　及大，與「千山鳥飛絕，萬徑人蹤滅。孤舟簑笠翁，獨釣寒
　江雪」相同

(E)「松下問童子」隱者彷彿是可遇，「言師採藥去」儼然是不
　可遇；「只在此山中」彷彿又可遇，「雲深不知處」則又是
　不可遇。這首詩的內在理路，呈現出「可遇」與「不可遇」
　的交錯＊

2. 閱讀下列〈詠陶淵明〉詩，並推斷有關它內容的說明，何者
　不正確？【分析】

　　典午江山頓寂寥，田園日涉自逍遙。菊栽處士同含傲，

柳對先生敢折腰。人到桃源無魏晉，官休彭澤有漁樵。葛天近在柴桑路，歸去來時酒一瓢。

(A)作者將陶淵明〈五柳先生傳〉、〈桃花源記〉、〈歸去來辭〉等作品融入詩句

(B)詩中的「菊」、「酒」可引起讀者對陶淵明「采菊」、「飲酒」的聯想

(C)「官休彭澤有漁樵」意謂陶淵明辭去彭澤縣令後，便歸隱山林

(D)「葛天近在柴桑路」意謂陶淵明希望學習葛天，成為賢能之士＊

【說明】

1. 內容知識可設計評量學生【知識】【分析】層次的能力。

2. 欲評量【知識】層次的能力，可依據單元教材內容，評量學生是否學會該篇章內容的相關知識。仿範例1、2命題，題幹為教材內容，選項為內容相關知識項目。

3. 欲評量【分析】層次的能力，可先歸納教材各類篇章內容相關知識，安排新題材，仿範例1、2命題。

伍、認識文化相關知識

一、能認識應用文化知識

㈠工具書

1. 阿芬想按部首查閱辭典有關「嵬峨」的詞義。下列有關她採
   取步驟的說明，何者錯誤？【應用】
   (A)步驟一：把「嵬」字拆成「山」、「鬼」兩個部分
   (B)步驟二：找「鬼」部，查不到「嵬」字，故可確定「嵬」字
   的部首應是「山」部
   (C)步驟三：「嵬」字是十三畫，故在山部十三畫的地方可找到
   「嵬」字*
   (D)步驟四：在「嵬」字收錄的詞目中，尋找「嵬峨」的詞義

2. 翻開辭典，可看到詞義及例證的說明。以下的詞義與例證，
   何者與陳子昂詩句「前不見古人，後不見來者。念天地之悠
   悠，獨愴然而涕下。」中的「悠悠」詞義相同？【應用】
   (A)憂思，如「悠悠我思」
   (B)眾多，如「悠悠者天下皆是」
   (C)荒謬不合事理，如「悠悠之談」
   (D)空闊無際，如「白雲千載空悠悠」*

【說明】

1. 工具書相關知識可設計評量學生【知識】【應用】層次的
   能力。
2. 欲評量【知識】層次的能力，可依據單元教材內容，評
   量學生是否學會使用工具的相關知識。題幹為教材內
   容，選項為工具書相關知識項目。

3. 欲評量【應用】層次的能力，可先歸納教材工具書相關
   知識，安排新題材，仿範例1、2命題。

(二)典籍

1. 閱讀下列有關中國古典小說的敘述，並依序為「　」選擇正確
   的答案？【知識】

   　　魏晉六朝的小說，主要有兩種類型，一類記載「　」，如
   《搜神記》，一類記載「　」，如《世說新語》。唐代的文言短篇
   小說，一般稱為「　」，其中不少名篇都成為後代小說寫作的
   藍本。宋代的白話小說，一般稱為「　」，這類由市井說書演
   變而來的小說，到元明時期便發展為長篇章回小說。

   (A)鬼神怪談，時人的軼聞趣事，傳奇，話本*
   (B)時人的軼聞趣事，鬼神怪談，傳奇，話本
   (C)鬼神怪談，時人的軼聞趣事，話本，傳奇
   (D)時人的軼聞趣事，鬼神怪談，話本，傳奇

2. 有關小說常識的敘述，下列選項何者正確？【知識】
   (A)《世說新語》、《聊齋志異》、《老殘遊記》都是筆記小說
   (B)古代小說戲曲中所謂的「風塵三俠」係指紅拂、李世民、虯
   　髯客
   (C)《紅樓夢》是我國通行小說中少數出於原創，而且成就非凡
   　的作品*
   (D)唐代傳奇小說的題材多為市井小民的日常生活，其體裁則為
   　文言短篇

3. 下列文句，何者描述《儒林外史》筆下的人物？〔應用〕

　(A)諸葛祭風七星壇

　(B)陶潛植柳獨酣樂

　(C)老殘盪舟遊明湖

　(D)王冕嶔崎絕仕進＊

4. 下列三則「回目」出自三部古典小說，若按這三部古典小說
　 寫作時代由前到後排列，其順序應是什麼？〔應用〕

　　　甲、「林黛玉焚稿斷癡情，薛寶釵出閨成大禮」

　　　乙、「林教頭刺配滄州道，魯智深大鬧野豬林」

　　　丙、「豬八戒助力敗魔王，孫行者三調芭蕉扇」

　(A)乙甲丙

　(B)乙丙甲＊

　(C)丙甲乙

　(D)丙乙甲

5. 下引楊牧新詩的題材取自某部中國古典小說，這部小說應是
　 什麼？〔應用〕

　　　風靜了，我是

　　　默默的雪。他在

　　　敗葦間穿行，好落寞的

　　　神色，這人一朝是

　　　東京八十萬禁軍教頭

　　　如今行船悄悄

　　　向梁山落草

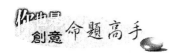

山是憂戚的樣子

(A)《三國演義》

(B)《儒林外史》

(C)《紅樓夢》

(D)《水滸傳》 *

6. 某部古代作品，前人曾以「才高者莞其鴻裁，中巧者獵其豔辭，淫諷者銜其山川，童蒙者拾其香草」強調這部作品對後世的巨大影響，這部作品應是什麼？〔應用〕

(A)《左傳》

(B)《戰國策》

(C)《詩經》

(D)《楚辭》 *

【說明】

1. 典籍相關知識可設計評量學生【知識】【應用】層次的能力。

2. 欲評量【知識】層次的能力，可依據單元教材內容，評量學生是否學會典籍相關知識。可依範例1、2命題。

3. 欲評量【應用】層次的能力，可先歸納教材典籍相關知識，安排新題材，仿範例3、4、5、6命題。

(三)思想

1. 閱讀下列短文，並依序為「 」選擇正確的答案。〔知識〕

　　　　中國文化早在先秦已形成多采多姿的豐富面貌：就文學言，《詩經》、「　　」開後世言志、抒情傳統之先河；就思想言，百家爭鳴，其中「　　」特富宗教精神，為當世顯學；就史著言，「　　」尤有功於春秋，廣為後世史家、文家所推崇。

(A)《楚辭》陰陽家《戰國策》

(B)《尚書》墨家《戰國策》

(C)《楚辭》墨家《左傳》＊

(D)《尚書》陰陽家《左傳》

2. 閱讀下列短文，並就參考選項，為畫線處選擇正確的答案。
【應用】

　　　　儒家的管理思想，本質上屬於修己治人的德治主義。首先，儒家認為<u>甲</u>，一個團隊的好壞，取決於領導者的品德操守，領導者若能以身作則，團隊素質自然會因此而提昇。所以儒家在管理方式上主張<u>乙</u>，從根本上建立是非善惡的觀念，如此自能匯聚每一份追求卓越的力量。至於領導者應如何對待被領導者，就儒家而言，這無非是「人應如何對待人」的問題。除了消極方面要做到<u>丙</u>，更要有一種<u>丁</u>積極而開闊的胸襟。綜合而言，正是孟子所說的「所欲與之聚之，所惡勿施爾」。

　　參考選項：

(A)「殺無道以就有道」

(B)「己所不欲，勿施於人」＊（丙）

(C)「道之以政，齊之以刑」

(D)「道之以德，齊之以禮」＊（乙）

(E)「不在其位，不謀其政」

(F)「用之則行，舍之則藏」

(G)「君使臣以禮，臣事君以忠」

(H)「己欲立而立人，己欲達而達人」＊（丁）

(I)「見賢思齊焉，見不賢而內自省也」

(J)「政者，正也；子帥以正，孰敢不正」＊（甲）

3. 孔子教育學生的方式，常因對象的不同、時空的差異而有所
不同。下列關於孔子教育方式的說明，正確的選項是什麼？

【應用】

(A)子路、曾皙、冉有、公西華侍坐，孔子命各言其志。此乃採
輕鬆問答的引導式教法＊

(B)孺悲欲見孔子，孔子辭以疾。將命者出戶。取瑟而歌，使之
聞之。此乃採不屑之教的激勵式教法＊

(C)孔子之武城，聞弦歌之聲，莞爾而笑曰：「割雞焉用牛刀？」
此乃採幽默風趣方式的勸勉式教法＊

(D)子路曰：「子行三軍，則誰與？」子曰：「暴虎馮河，死而
無悔者，吾不與也。」乃針對子路好勇而採訓誡式的教法＊

(E)冉求曰：「非不說子之道，力不足也。」子曰：「力不足
者，中道而廢；今女畫。」乃肯定冉求有自知之明，能安於
天分的啟發式教法。

4. 儒家認為「個人」、「社會」、「國家」是彼此依存、相互影
響的共同體。下列文句，符合此一觀念的選項是什麼？【應
用】

(A)覆巢之下無完卵＊

(B)成則為王，敗則為寇

(C)天下之本在國，國之本在家，家之本在身＊

(D)君子之於天下也，無適也，無莫也，義之與比

(E)無恆產而有恆心者，惟士為能。若民，則無恆產，因無恆心

【說明】

1. 思想相關知識可設計評量學生【知識】【應用】層次的能力。

2. 欲評量【知識】層次的能力，可依據單元教材內容，評量學生是否學會中國重要思想相關知識。可依範例1命題。

3. 欲評量【應用】層次的能力，可先歸納教材中國重要思想相關知識，安排新題材，仿範例2、3、4命題。

(四)文學理論

1. 下列有關於「文」的敘述，屬於文學批評範疇的選項是什麼？〔應用〕

(A)君子博學於文，約之以禮，亦可以弗畔矣夫

(B)質勝文則野，文勝質則史，文質彬彬，然後君子

(C)斷簡殘編，蒐羅匪易；郭公夏五，疑信相參；則徵文難

(D)夫人善於自見，而文非一體，鮮能備善。是以各以所長，相輕所短＊

(E)文不滅質，博不溺心，正采耀乎朱藍，間色屏於紅紫，乃謂

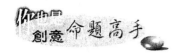

雕琢其章，彬彬君子矣＊

2.下列文句，<u>不屬於</u>文學理論和文學批評的選項是什麼？〔應用〕

(A)文以氣為主，氣之清濁有體，不可力強而致

(B)美感經驗就是形相的直覺，美就是事物呈現形相於直覺時的特質

(C)「漸」的作用，就是用每步相差極微極緩的方法，隱蔽時間的過去與事物變遷的痕跡，使人誤認其為恆久不變＊

(D)夫水性虛而淪漪結，木體實而花萼振，文附質也

【說明】

1.文學理論相關知識可設計評量學生【知識】【應用】層次的能力。

2.欲評量【知識】層次的能力，可依據單元教材內容，評量學生是否學會文學理論相關知識。

3.欲評量【應用】層次的能力，可先歸納教材中國文學理論相關知識，安排教材或新題材，仿範例1、2命題。

㈤資料檢索

1.君君想了解楚、漢相爭較為完整的歷史事件，應參閱下列哪一本書？〔應用〕

(A)《史記》＊

(B)《三國演義》

(C)《戰國策》

(D)《儒林外史》

2. 在這個資訊化的時代，電腦實為尋找資料的利器。只要在檢索系統中輸入適當的關鍵詞，就可以快速找到想要的資料。如果下列短文已輸入電腦，哪些關鍵詞可能順利找到這則短文？〔應用〕

> 則天后嘗夢一鸚鵡，羽毛甚偉，兩翅俱折。以問宰臣，群公默然。內史狄仁傑曰：「鵡者，陛下姓也；兩翅折，陛下二子廬陵、相王也；陛下起此二子，兩翅全也。」武承嗣、武三思連項皆赤。後契丹圍幽州，檄朝廷曰：「還我廬陵、相王來。」則天乃憶狄公之言，曰：「卿曾為我占夢，今乃應矣。」

(A)夢*

(B)武則天*

(C)貞觀之治

(D)安史之亂

(E)藩鎮割據

3. 在這個資訊化的時代，不少中國古籍也已經輸入電腦，使讀者可以藉由「全文檢索系統」迅速地查閱資料。如果我們準備利用「《全唐詩》全文檢索系統」蒐羅以田園生活為題材的唐代詩歌，則輸入下列選項中哪一組語彙，可以最快找到相關作品？〔應用〕

(A)黃沙、絕漠、瀚海、胡塵

(B)柴門、荊扉、幽篁、墟里＊

(C)西崑、東漵、鍾山、瑤臺

(D)玉階、綺窗、畫閣、簾鉤

【說明】

1. 資料檢索相關知識可設計評量學生【知識】【應用】層次
   的能力。

2. 欲評量【知識】層次的能力，可依據單元教材內容，評
   量學生是否學會資料檢索相關知識。

3. 欲評量【應用】層次的能力，可先歸納教材資料檢索相
   關知識，安排新題材，仿範例1、2、3命題。

㈥文化常識

甲、書法知識

1. 中國的書法，歷經朝代的演變，而產生不同形式的字體，如
   楷書、行書、草書等。其中，「行書」重視上下字間相連的
   筆意，書體自由，講究點畫、結構和墨色的變化，筆勢與字
   形介於楷書與草書之間，比草書端莊，近於楷書。下列何者
   屬於行書？（圖像從略）【應用】

【說明】

1. 書法知識可設計評量學生【知識】【應用】層次的能力。

2. 欲評量【知識】層次的能力，可依據單元教材內容，評
   量學生是否學會書法知識。

3. 欲評量【應用】層次的能力,可先歸納教材書法知識,安排新題材,仿範例1命題。

乙、六書原則

1. 「月落烏啼」這四個字,包含了「六書」中的哪幾種造字方法?【應用】
　(A)象形、會意
　(B)指事、會意
　(C)指事、形聲
　(D)象形、形聲＊

2. 文字所屬的「部首」,往往與「字義」相關。下列與文字部首相關的敘述,<u>錯誤的</u>選項是什麼?【應用】
　(A)「相」與「目視」有關,故屬於「目」部
　(B)「韌」與「皮革」有關,故屬於「韋」部
　(C)「魚」須「火烤」才能吃,故屬於「火」部＊
　(D)「席」是「織物」的一種,故屬於「巾」部

【說明】

1. 六書原則知識可設計評量學生【知識】【應用】層次的能力。

2. 欲評量【知識】層次的能力,可依據單元教材內容,評量學生是否學會六書原則知識。

3. 欲評量【應用】層次的能力,可先歸納教材六書原則知識,安排新題材,仿範例1、2命題。惟應注意不宜過於

艱難或分類有歧義者。

丙、節慶

1. 下列描繪節慶景象的詩句，何者所對應的節日正確？〔應用〕

(A)爆竹聲中歲又除，頓回和氣滿寰區。春風解綠江南樹，不與人間染白鬚／元宵

(B)鼓聲三下紅旗開，兩龍躍出浮水來。棹影斡波發萬劍，鼓聲劈浪鳴千雷／端午＊

(C)有燈無月不娛人，有月無燈不算春。春到人間人似玉，燈燒月下月如銀／中秋

(D)暮雲收盡溢清寒，銀漢無聲轉玉盤。此生此夜不長好，明年明月何處看／七夕

☐寰區：全國、全天下　棹：船槳　斡：運轉、旋轉　銀漢：銀河

【說明】

1. 節慶知識可設計評量學生【應用】層次的能力。

2. 欲評量【應用】層次的能力，可先選擇相關節慶，安排新題材，仿範例1命題。

丁、歷史

1. 閱讀下文，並判斷下列選項，何者與這段史事最契合？〔應用〕

　　　霸王百行掃地空，不殺一端差可取，天命由來歸有德，不在沛公生與死。

(A)吳越爭霸
(B)秦晉殽之戰
(C)楚漢相爭＊
(D)赤壁之戰

2.閱讀下列史書文字，並依文意及史書體例推斷，敘述正確的選項是什麼？〔應用〕

　　明年八月，熹宗疾□□，召王入，受遺命。丁巳，即皇帝位，○○○○，以明年為△△△△△。九月甲申，追諡生母賢妃曰孝純皇后。丁亥，停刑。庚寅，冊妃周氏為皇后。

(A)□□應是國君的身體狀況，或為「已瘳」
(B)○○○○應是新君即位後的措施，或為「大赦天下」＊
(C)△△△△△應是新君即位後的年號，或為「莊烈帝元年」
(D)從記錄的內容來看，這段文字最可能見於史書中的「列傳」

3.閱讀下文，並為甲乙丙處選擇正確的答案。〔應用〕

　　古人對於女性的態度，有許多值得商榷的地方。像甲的說法，就強化了「男尊女卑」的觀念，將女性矮化為被宰制的角色。正因如此，一旦女性涉入原屬男性所掌控的領域，便引起男性的不安，成語乙即帶有對女性「竊位」的排拒。而在諸多維護男權、貶抑女性的言論中，最偏差者莫過於將男性在政治上的失敗歸咎於女性，例如「商之興也以簡狄，及其亡也以妲己；周之興也以文母，及其亡也以丙」的歷史解釋，竟要女性擔起傾覆國家的罪名，無疑是替男性昏君卸責的託辭。類似這些既不客觀、也不公平的看法，是我們今

天必須揚棄的。

甲. (A)君子之道，造端於夫婦

(B)夫不御婦，則威儀廢缺；婦不事夫，則義理墮闕＊

(C)有萬物然後有男女，有男女然後有夫婦，有夫婦然後有父子

(D)天子聽外治，后聽內職。教順成俗，內外和順，國家治理，此之謂盛德

乙. (A)牝雞司晨＊

(B)傾國傾城

(C)陰盛陽衰

(D)越俎代庖

丙. (A)貂蟬

(B)西施

(C)褒姒＊

(D)妺喜

【說明】

1. 歷史知識可設計評量學生【應用】層次的能力。

2. 欲評量【應用】層次的能力，可先歸納教材相關歷史知識，安排新題材，仿範例1、2、3命題。

(七)文學知識

甲、文體知識

1. 下列有關韻文的敘述，何者正確？ 【知識】

⑷北朝民歌，大多風格質樸，活潑有致＊

⑻唐代近體詩即指律詩，句數不限

⑼宋詞由於句子長短不一，所以也叫「短長書」

⑽元代散曲的「曲牌」，標明了曲子的內容

2.「曾題名字號詩餘，疊唱聲辭體自殊。誰譜新歌長短句，南朝樂府肇胎初」。上引詩句所討論的「文體」是什麼？【應用】

⑷樂府詩

⑻近體詩

⑼詞＊

⑽曲

3. 元雜劇的淨腳常藉自我調侃，達到諷刺人情，娛樂觀眾的效果。下列上場詩，何者為「淨腳」使用？【應用】

⑷氈帳秋風迷宿草，穹廬夜月聽悲笳，控弦百萬為君長，款塞稱藩屬漢家

⑻大塊黃金任意抓，血海王條全不怕，生前只要有錢財，死後哪管人唾罵＊

⑼束髮隨朝三十年，官居京兆有威權，可憐清操如秋水，不受人間枉法錢

⑽農事已隨春雨辦，科差猶比去年稀，小窗睡徹遲遲日，花落閒庭燕子飛

【說明】

1. 文體知識可設計評量學生【知識】【應用】層次的能力。

2. 欲評量【知識】層次的能力，可依據單元教材內容，評量學生是否學會文體知識。依範例1命題。

3. 欲評量【應用】層次的能力，可先歸納教材文體知識，安排新題材，仿範例2、3命題。

乙、文學知識

1.閱讀下文，並依序為畫線處選擇正確答案。【應用】

　　被譽為「詩中有畫」的王維，在其詩中總是能恰當地選擇物象來營造意境。例如＿＿＿，每句選用兩個對比的物象接合，雄渾壯闊的塞外氣象便一覽無遺。又如＿＿＿，透過一些象徵高潔的物象，不但山中秋夜所獨有的清幽爽淨豁然可見，作者的性格也隱約呈現。

(A)大漠孤煙直，長河落日圓／明月松間照，清泉石上流＊
(B)荒城臨古渡，落日滿秋山／明月松間照，清泉石上流
(C)大漠孤煙直，長河落日圓／人閑桂花落，夜靜春山空
(D)荒城臨古渡，落日滿秋山／人閑桂花落，夜靜春山空

2. 在一次國文課有關「蘇東坡的詞」的報告中，你想就你所設定的三項主題：㈠蘇東坡在宋代詞壇的關鍵地位，㈡蘇東坡詞的豪放特色，㈢蘇東坡與辛棄疾詞風的差別，尋找相關資料。請閱讀下列五種資料，並推斷應如何搭配主題使用才恰當？【應用】

　　甲、蘇、辛皆至情至性人，故其詞瀟灑卓犖。

　　乙、東坡詞寓意高遠，運筆空靈，措語忠厚。

　　丙、魄力之大，蘇不如辛；氣體之高，辛不逮蘇。

丁、詞自晚唐五代以來，以清切婉麗為宗，至柳永而一變，至軾而又一變，遂開南宋辛棄疾等一派。

戊、東坡在玉堂日，有幕士善歌，因問：「我詞何如耆卿(柳永)？」對曰：「郎中詞只好十七、八女子，執紅牙板歌『楊柳岸曉風殘月』；學士詞須關西大漢，銅琵琶、鐵綽板唱『大江東去』。」

	(一)關鍵地位	(二)豪放特色	(三)蘇辛之別
(A)	丁	戊	丙＊
(B)	丁	乙	甲
(C)	戊	丙	甲
(D)	戊	乙	丁

3. 接前題，在這個報告中，如果你想討論「蘇軾詞中呈現的莊子人生態度」，在下列詞句中，最恰當的引證材料是什麼？

【應用】

(A)尊前不用翠眉顰，人生如逆旅，我亦是行人

(B)致君堯舜，此事何難，用舍由時，行藏在我

(C)驚起卻回頭，有恨無人省。揀盡寒枝不肯棲，寂寞沙洲冷

(D)買田陽羨吾將老，從來不為溪山好。往來一虛舟，聊從造物遊＊

【說明】

1. 作品欣賞可設計評量學生【應用】層次的能力。

2. 欲評量【應用】層次的能力，可先歸納教材作品欣賞知

識，安排新題材，仿範例1、2、3、4命題。

二、能認識應用應用文知識

㈠書信

1. 文風寫信給雙親。信上畫線部分何者正確？〔應用〕

父母親大人<u>鈞鑒</u>：

八月二十五日拜<u>足下</u>，中午抵達學校，隨即辦理入學手續，並住進第一宿舍203室，一切均安，懸釋 慈念。敬祝

<u>大安</u>

文風<u>叩上</u>

八月二十六日

(A)鈞鑒

(B)足下

(C)大安

(D)叩上＊

2. 王先生想要寫信給他的同輩朋友，信封的中欄應該怎麼寫才正確？〔應用〕

(A)○○○先生大啟＊

(B)○○○吾友鈞啟

(C)○○吾友安啟

(D)○○○先生敬啟

3. 依照應用文的普通準則判斷，下列四個「學生寫信給老師」的範例，正確無誤的選項是什麼？【應用】

(A)大文先生左右：頃悉　先生退休在即，敝人深感惆悵。唯望日後能續有機會向　先生請益。　　　　　　敝人陳大明鈞啟

(B)大文先生左右：頃悉　先生退休在即，學生深感惆悵。唯望日後能續有機會向　先生請益。　　　　　　學生陳大明鈞啟

(C)大文吾師道席：頃悉　吾師退休在即，敝人深感惆悵。唯望日後能續有機會向　吾師請益。　　　　　　敝人陳大明敬啟

(D)大文吾師道席：頃悉　吾師退休在即，學生深感惆悵。唯望日後能續有機會向　吾師請益。　　　　　　學生陳大明敬啟＊

(二)題詞賀詞對聯

1. 羅董事長的三位朋友分別在今天過七十大壽、喬遷新居、分店開幕。如果你是董事長的秘書，下面三副對聯該如何送才恰當？【應用】

　　甲、大啟爾宇，長發其祥

　　乙、交以道接以禮，近者悅遠者來

　　丙、室有芝蘭春自永，人如松柏歲長新

(A)甲送喬遷新居者；乙送分店開幕者；丙送過七十大壽者

(B)甲送分店開幕者；乙送喬遷新居者；丙送過七十大壽者

(C)甲送過七十大壽者；乙送喬遷新居者；丙送分店開幕者

(D)甲送過七十大壽者；乙送分店開幕者；丙送喬遷新居者＊

2. 閱讀下列四句，並依據對聯的格式及涵義，推斷選項說明正確的是什麼？【應用】

　　甲、和風細雨兆豐年

　　乙、白雪銀枝辭舊歲

　　丙、日麗風和門庭有喜

　　丁、月圓花好家室咸宜

(A)甲乙為一副春聯，甲為上聯，乙為下聯

(B)甲乙為一副春聯，乙為上聯，甲為下聯＊

(C)丙丁為一副賀新婚聯，丁為上聯，丙為下聯

(D)丙丁為一副賀新婚聯，丙為上聯，丁為下聯＊

(E)丙丁為一副賀新居聯，丙為上聯，丁為下聯

3.閱讀下列題於「三閭大夫祠」的對聯，並為□□□選擇恰當
　的語詞。【應用】

　　何處招魂，香草還生三戶地；當年呵壁，湘流應識□□□

(A)漁父辭

(B)離騷情

(C)天問篇

(D)九歌心＊

4.下列四句本為一副對聯，請依文意及對聯的一般原則，選出
　最適當的排列方式：

　　甲、眾纏一旅　　　　乙、人惟八千

　　丙、項籍用江東之子弟　丁、孫策以天下為三分

(A)甲，乙；丙，丁

(B)乙，丁；甲，丙

(C)丙，乙；丁，甲

(D)丁，甲；丙，乙＊

5. 小梅要向結婚的好友致賀，下列題辭何者恰當？【應用】
  (A)詩禮傳家
  (B)三陽開泰
  (C)鳳凰于飛＊
  (D)龜鶴遐齡

6. 下列賀辭，用法正確的是什麼？【應用】
  (A)「宜室宜家」用於賀新婚＊
  (B)「弄瓦徵祥」用於賀生男
  (C)「里仁為美」用於賀遷居＊
  (D)「杏林春暖」用於賀學校落成
  (E)「絃歌不輟」用於賀劇院開張

(三)稱謂語

1. 閱讀下文並推斷畫線處的稱謂何者<u>不恰當</u>？【應用】

> 建國說：
>
> 前日到貴府打擾，受到<u>賢伉儷</u>（甲）熱情招待，深情厚誼，永銘內心，而<u>賢任</u>（乙）的應對得體也叫人讚賞；想到<u>小兒</u>（丙）粗魯不堪，調教無方，深感慚愧。來日，<u>敝伉儷</u>（丁）定當好好向吾　兄請教。專此，順頌時綏

(A)甲
(B)乙
(C)丙

(D)丁＊

2. 下列對話中的稱謂，何者較正確？

　　(A)令弟在家嗎／愚弟不在家

　　(B)令姐就讀何校／家姐就讀台灣大學＊

　　(C)令堂在那裡高就／家父任職於經濟部

　　(D)貴校有多少學生／寶校有八百多名學生

陸、認識古今人物

一、能認識應用古今人物相關知識

㈠人物性格風範

1. 公西赤認為自己在宗廟祭祀和諸侯會盟時，可以穿戴禮服，當贊禮的小相。由此可以推測公西赤具有那一方面的專長？
　　【應用】

　　(A)教育

　　(B)軍事

　　(C)外交＊

　　(D)經濟

2. 閱讀下列新詩，並推斷它提到的人物是誰？ 【應用】

　　　　大江東去，浪濤騰躍成千古／太陽昇火，月亮沉珠／
　　那一波是捉月人？／那一波是溺水大大夫？／赤壁下，人

弔聱蘇猶似聱蘇在弔古

(A)嫦娥、屈原、曹操

(B)嫦娥、杜甫、蘇軾

(C)李白、杜甫、曹操

(D)李白、屈原、蘇軾＊

3. 閱讀下列詠史詩，並推斷選項所述及的人物何者與它相同？
【應用】

南陽少，北窗老，兩臥千秋同矯矯。南陽慶遭逢，北窗終潦倒。

(A)看淵明，風流酷似，臥龍諸葛＊

(B)淵明已逝屈子沉，暗香縱有誰知心

(C)司馬子長天才侔屈子，而憤世嫉俗之意，異代一揆

(D)東坡詞頗似老杜詩，以其無意不可入，無事不可言也

4. 企業的公關部門，須負責建立公司對內及對外的溝通網路，以促進管理與經營的效益，因此需要反應敏捷、性情沉穩、能言善道的人才。如果孔子在現代企業中主管人力資源，以他對學生性格及專長的了解，最可能推薦下列那位學生擔任「公關部主任」？【應用】

(A)曾點

(B)顏回

(C)子路

(D)子貢＊

5. 下列短文有四個空格，請從文後提供之參考選項中選出最適
   當者填入。

   　　多數人都希望自己能出人頭地，可別誤以為孔子只知道
   做「辟人之士」，從他自言__甲__，不難發現孔子還是期待受
   重用的。想出人頭地，首先應該以__乙__的態度累積實力，
   使自己成為有價值的千里馬。其次，最好能在適當的場合表
   現最佳的自己，主動吸引伯樂，例如__丙__，一方面敢選擇
   「收債」這種吃力不討好的任務，一方面又以出人意表的手
   法來操作，果然令他的上司刮目相看。此外，尋找適合自己
   的位置也很重要，例如以__丁__的才能，先前憑著一時的義
   憤當了刺客，實在是走錯方向；後來他改當軍師，不但充分
   發揮他運籌帷幄的專長，更為他的上司爭得整個天下。【應用】

   (A)馮諼＊（丙）
   (B)荊軻
   (C)李斯
   (D)張良＊（丁）
   (E)諸葛亮
   (F)「不患人之不己知，患不知人也」
   (G)「沽之哉！沽之哉！我待賈者也」＊（甲）
   (H)「日知其所亡，月無忘其所能」＊（乙）
   (I)「後生可畏，焉知來者之不如今也」
   (J)「權，然後知輕重；度，然後知短長」

6. 閱讀下文，並推斷選項的回答，何者最符合黛玉「小心眼、
   好猜疑」的個性？

　　黛玉只就寶玉手中的宮花看了一看，便問道：「還是單送我一人的？還是別的姑娘們都有呢？」周瑞家的道：「各位都有了，這兩隻是姑娘的了。」黛玉冷笑道：「我就知道，……。」

(A)別人不挑剩下的也不給我＊

(B)別人總把好的留下來給我

(C)你總把最好的留給自己

(D)你不會把不好的留下來給我

7. 每個人說話的口吻通常與他的性格相應，因此作家在塑造人物時，也會藉言談來凸顯其性格。下列引文為《紅樓夢》某位人物所說的話，依據你對《紅樓夢》人物的認識，最可能講這番話的人是何人？〔應用〕

　　你尤家的丫頭沒人要了？偷著只往賈家送！難道賈家的人都是好的？普天下死絕了男人了？你就願意給，也要三媒六證，大家說明，成個體統才是！你痰迷了心，脂油蒙了竅，國孝家孝兩重在身，就把個人送來了。這會子被人家告我們，我又是個沒腳蟹，連官場中都知道我利害吃醋，如今指名提我，要休我，我來了你家，幹錯了什麼不是，你這等害我？

(A)王熙鳳＊

(B)林黛玉

(C)薛寶釵

(D)劉姥姥

【說明】

1. 人物性格風範可設計評量學生【知識】【應用】層次的能力。

2. 欲評量【知識】層次的能力,可依據單元教材內容,評量學生是否學會人物性格典範。仿範例1命題。

3. 欲評量【應用】層次的能力,可先歸納教材人物性格典範,安排新題材,仿範例2、3、4、5、6、7命題。

(二)人物文學貢獻

1. 閱讀下詩,並推斷它所吟詠的對象是何人?〔應用〕

　　儲備整生的熱量／只為了寫一首讓人寂寞的詩

　　一堆文字幾經捏弄居然不朽

　　萬里荒煙／唯你獨行

　　三吏三別之後／兩鬢已蒼

　　也該寫點雲淡風輕的自己了

　　蹣跚浣花溪頭／忽然水一般靜了下來

　　你不是浣花人卻在在關心／花事過後的人事

　(A)李白

　(B)杜甫＊

　(C)王維

　(D)李商隱

2. 閱讀下詩並回答問題。

甲、憑欄無限舊江山，歎息東流水不還。小令能傳家國恨，
　　不教詞境囿花間。

乙、悲歡一例付歌吟，樂既沉酣痛亦沉。莫道後先風格異，
　　真情無改是詞心。

甲. 上引兩首「論詞絕句」所歌詠的著名詞家應是何人？〔應用〕

　(A)李煜*

　(B)秦觀

　(C)李清照

　(D)辛棄疾

乙. 乙詩中所謂「莫道後先風格異」，是指這位詞家怎樣的風格？
　〔知識〕

　(A)前期詞風雄渾豪放，後期詞風沉鬱悲涼

　(B)前期詞風溫柔婉約，後期詞風雄渾豪放

　(C)前期詞作多寫歡樂生活，後期詞作多抒身世之歎*

　(D)前期詞作多寫女子閨情，後期詞作多抒身世之歎

【說明】

1. 人物文學貢獻可設計評量學生【知識】【應用】層次的能
　力。

2. 欲評量【知識】層次的能力，可依據單元教材內容，評
　量學生是否學會人物文學貢獻。依範例2乙命題。

3. 欲評量【應用】層次的能力，可先歸納教材人物文學貢
　獻，安排新題材，仿範例1、2甲命題。

第二節
閱讀鑑賞能力（題組題型）

壹、認識段落相關知識

一、知識性段落

(一)醫學保健

甲、

　　番茄是蔬菜還是水果，一直眾說紛云。因為番茄不僅適合烹調，生食口感亦佳。於是，有人將糖分熱量較低的大番茄歸為蔬菜，而將較具甜味的小番茄畫為水果。

　　近幾年來，番茄能增加免疫力的報告不斷被提出，尤其是在防癌方面的功效更引人注目。研究者針對常食用番茄製品者進行調查，發現他們的致癌率較一般人低。番茄中含有一種穀胱甘肽物質，可延緩體內某些細胞老化和降低癌症的發病率，豐富的維生素C可防治動脈硬化，更能與亞硝胺結合，達到防癌的效果。

　　其實，姑且不提番茄所含的抗癌因子，單就其豐富的維生素及礦物質，就足以評定為優良蔬果。番茄中富含纖維，可清潔腸壁、幫助消化；維生素A有明目作用，並可增強肌膚彈性和強健骨骼；維生素B群具有消炎功用（尤其是口角發炎）；維生素C在加熱過程中的耗損率遠低於其他蔬菜，可充分被人體吸收；維生素H可調節皮脂腺的分泌；維生素P可強化血管壁，此外，番

茄含有豐富的果膠，可抑制高血壓。——改寫自《讀者文摘》

【說明】

題組題型問題的設計應以單選題較不易命題的段、章要旨、推論，或鑑賞層次的文法與修辭分析為主

1. 蕃茄無法明確歸類為水果或蔬菜的原因？【理解】【段落涵義—內容】
   (A)蕃茄的糖分不固定
   (B)熱量較低
   (C)可以生食和烹調*
   (D)是價廉物美的食物

2. 下列敘述，何者<u>不是</u>蕃茄具有防癌功能的原因？【理解】【段落涵義—內容】
   (A)蕃茄能增加免疫力的報告不斷被提出*
   (B)含有穀胱甘肽的物質
   (C)維生素C能與亞硝胺結合
   (D)維生素C在加熱過程中，較不容易受損

3. 根據上文，蕃茄可能提供什麼？【理解】【段落涵義—內容】
   (A)充足的蛋白質
   (B)豐富的熱量
   (C)完整的礦物質
   (D)多樣的維生素*

乙、

　　很多人跑步是為了娛樂或運動。但是，如果你本來就不是「天生」的跑步或是慢跑的料子，你該怎麼辦呢？你可能仍想找一個花費不多，而又容易做的運動，那何不試試走路？

　　走路幾乎是任何正常、健康的人都做得到的事，它不需要什麼特殊的裝備。走路能夠給你許多慢跑或跑步同樣能給你的益處，只是費時較長。慢跑和跑步使你的心肺，比走路時運作得更激烈；同時也使你的腿和腳比走路時承受更多的壓力。

　　將走路當成一種運動，所產生的問題是：大多數人並沒有以認真的態度去看待它。但是，認真的走路，和我們大部分人的走路，有很大的差別。走路和慢跑一樣，也應該要有穩健和持續的動作。

　　如果你想藉著走路得到運動，你必須有自己的走路計畫。畢竟，跑步和慢跑的人都會為他們自己設定目標，走路的人也是需要目標的。

　　設定一條固定的走路路線。剛開始時，一天大約走15到30分鐘。慢慢增加你的時間和距離，並試著逐步加快你走路的速度。

　　如果你的運動是慢跑或跑步，也要遵循相同的建議。剛開始時慢慢來，起初的幾天，大部份步行就可以了；然後，開始在同一天走路與跑步並行，跑步或慢跑一小段距離，然後走一會兒，然後跑一跑，然後又走一走。每天遵循這個模式，保持15到30分鐘。慢慢地把跑步時間拉長、走路時間縮短。不久，你就可以增加你的距離、速度和運動時間。——改寫自托福試題

1.跑步與走路相同的是什麼？【理解】【段落涵義─內容】

(A)都須要有穩建和持續的精神＊

(B)造成腿和腳相同的壓力

(C)短時間就能增強心肺功能

(D)需要相同的運動、時間和距離

2. 下列敘述，何者<u>不是</u>作者建議以走路運動的理由？走路——。

【理解】【段落涵義—內容】

(A)適合各種不同的體質的人

(B)雖花費不多，卻須要耗費很多時間

(C)能增強心肺功能

(D)能避免腳和腿承受更多的壓力＊

3. 作者或許會同意哪一個建議？ 【理解】【段落涵義—推論】

(A)以每天1/4公里的幅度，增加走路距離＊

(B)剛開始時，每天慢跑30分鐘

(C)以每天2公里的幅度，增加走路距離

(D)選擇比走路更有活力的運動

(二)自然生態

甲、

從民國四、五十年代至今，數十年柳杉造林的結果，直接改變了檜木林相。而今，全臺檜木天然林僅存棲蘭及秀姑巒地域。其中，棲蘭的檜木天然林更是全球唯一的扁柏純林。

車行在棲蘭山區內，望向窗外的檜木林，許多不知名的小草、闊葉樹，在林下昂首掬飲著綿綿落下的細雨，相傳此地的樹

幹上曾經長滿了蘭花，所以才有「棲蘭」地名的由來。對人類而言，這些植物雖不若檜木來得實用，但它既然生長在那裡，就該有它生存的理由吧。棲蘭檜木天然林內，有許多物種是臺灣以外的地方都找不到的，例如鴛鴦湖裡的東亞黑三菱、水麻花。目前雖不知它們的用處，但也許有一天，我們會發現它們具有某種基因，能夠成為某種藥材也不一定。

　　隨著全球環境變遷，例如聖嬰現象、臭氧層破洞、酸雨等問題，森林的環境已今非昔比。國際上，整個森林經營的方向已朝向生態化發展。環環相扣的物種，哪一個該為人類「以人為主」的觀念所犧牲？——改寫自翁瑜敏〈臺灣檜木〉

1. 以上報導，最適合使用下列那個標題？【理解】【段落涵義—標題】

(A)尋找藥材的故鄉——鴛鴦湖之旅

(B)自然生態的明天——森林經營 *

(C)物種孕育之源——造林

(D)森林瑰寶——扁柏

2. 下列敘述，何者是本文的主要觀點？【理解】【段落涵義—觀點】

(A)臭氧層破洞及酸雨嚴重危害了臺灣檜木林的生態平衡

(B)檜木林中的附生植物，具有成為珍貴藥材的某些基因

(C)人類不宜因私利犧牲任何物種，以免破壞森林的生態環境 *

(D)棲蘭山區成為全球唯一的扁柏純林，是造林不當的後遺症

乙、

　　由於交通與通訊的進步，我們的地球相對縮小了，同時，各地區與國家之間的相互影響與依賴卻漸形重要，特別是在過去的十五年間，由於整個世界經濟的國際化，「地球村」的概念似乎慢慢在成形，而我們也一步步地走向「生活在沒有國界的世界」的境界。這次東南亞的金融風暴，確與整個世界經濟的國際化有密切的關係。同時，我們也看到人類面對的一些重要問題，例如：人口暴增、不同地區貧富差距的進一步加深，及人類活動帶來的生態與環境的破壞，已變成高度國際化的問題，也是人類必須共同面對的全球性的問題。——改寫自李遠哲〈二十一世紀的挑戰〉

1. 這段短文的中心思想是什麼？【理解】【段落涵義—要旨】
　　(A)維護生態環境是人類當務之急
　　(B)世界性經濟不景氣正在擴大中
　　(C)地球上各地人民的命運將是休戚與共的＊
　　(D)面對新世紀，控制人口的質與量是最重要的議題

2. 以下推論，何者<u>不符合</u>本文的論點？【理解】【段落涵義—觀點】
　　(A)任何區域性金融風暴，都將影響全球經濟
　　(B)地球村的形成是由於人口暴增，聚集繁密＊
　　(C)貧富懸殊是當前人類社會重要的經濟問題
　　(D)溫室效應超越國界，須靠全人類共同解決

丙、

　　雪片由無數冰晶形成結凍狀的物質，然後飄落於地面。剛開

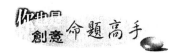
始時，中上層的大氣層，供應了足夠的水氣，而在次結凍層結為冰晶。每一粒冰晶的微小核心是固體分子，而水氣在此核心周圍凝結，液狀的水滴飄浮在超冷的大氣層中，形成冰晶。冰晶無法與浮雲並存，因此冰晶化為水氣，水氣又輕於水，這使冰晶取得水滴中的濕氣，不斷繼續成形。這個過程非常快速，很快地就能製成大小不一，成串的冰晶。一些冰晶彼此黏在一起，成串成串的就是雪片。雪單薄的一片有著各種不同的美麗形狀，通常是六角形的。在顯微鏡之下，雪片是對稱狀的，但是此種形狀並不能真正呈現出來，當雪花片片從天上掉下來時，通常只是雪的破片，或者是成串的破碎冰晶。

　一旦開始下雪了，必定要先有足夠的水氣流入，供應核心。濕氣的供應透過氣流源源不絕，結果把水氣提昇到大氣層的上端。太平洋是西落磯山脈降雪，大部份水氣供應之源；而墨西哥灣、大西洋也是從氣流中形成水氣，造成美洲中、東部的降雪。此外其他地理上的特殊因素，也可能是形成某些暴風雪水氣的原因，例如緊鄰五大湖區的因素，造成湖區效應，而形成降雪的獨特因素。再者，多山的地區或陡升的坡地，由於水氣留在地形升高處，也可能是雪片形成的因素。——改寫自《時代解讀》

1. 冰晶的中心是什麼？【理解】【段落涵義─內容】

　(A)一小片雪

　(B)一核心

　(C)一滴水＊

　(D)六角形

2.第一段，作者嘗試說明什麼？ 【理解】【段落涵義—要旨】

　(A)為什麼雪片呈六角形

　(B)降雪最適當的溫度

　(C)冰晶與雪片的形狀

　(D)雪片是如何形成的＊

3.雪花紛飛的必要條件是什麼？ 【理解】【段落涵義—內容】

　(A)冰晶形成雪片，然後飄落地面

　(B)水氣在冰晶的核心周圍凝結＊

　(C)濕氣不斷注入

　(D)氣流改變方向

4.因湖區效應而降下的暴風雪，主要是如何形成的？ 【理解】【段落涵義—內容】

　(A)水溫降至冰點以下

　(B)從湖中升起的水氣，形成氣流＊

　(C)大量濕空氣從附近山區降下來

　(D)成千上萬的冰晶，凝固在湖區表面

丁、

　　銀河系是由宇宙中許多區塊構成的。一個銀河系的家族包含數以百萬計的群星，必須靠著彼此間的引力，才能凝聚在一起。銀河系中的群星是由雲氣和星塵組合起來的。

　　有三種主要類型的銀河系：1.螺旋形2.橢圓形3.不規則形。螺旋狀的天河是一形似扁平的圓盤物，有兩支螺旋的支臂從中心基點撐出，約有四分之一的銀河是螺旋形。螺旋狀銀河星際間的

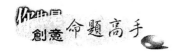
雲氣是供應新星成形的主要因素，當螺旋支臂旋轉時，掃過銀河四周的星塵和雲氣，而形成新的星座。橢圓形銀河有著相稱的橢圓球狀，並沒有明顯的結構，且大多數的星團都已老邁。因為橢圓形的銀河缺乏星際間的雲氣與星塵，所以不能產生新的星座，而宇宙中最大最亮的銀河也是橢圓形的，它大約是太陽的10又13次方倍大。這種巨大的星體通常會散發強烈的電波，因此又稱電波銀河。在所有銀河系中，大約有三分之二是橢圓形銀河。不規則的銀河約占銀河系的十分之一，它們也有不同的類別。

太空的測量法是不同於地球的。某些地球上的距離可以用時間的差距來表現，例如：從一個大陸飛到另一個大陸的時間，是用花費在駕駛上的時間來衡量。相較於我們所熟悉的碼尺，銀河的距離是我們無法理解的長，但是銀河的距離也是以時間為刻度表來處理的。我們量一下最近的螺旋狀銀河——仙女座銀河的距離，它是在兩千萬光年之遙；而天文望遠鏡能見到最遙遠、光亮的星體大約是十億光年。「它們」的亮光在地球形成之前已射向地球，所以我們現在才能接受到。從處女座銀河系照來的亮光是地球還處於爬蟲類時代，就已發射出來的。——改寫自《時代解讀》

1. 第二段討論的主題是什麼？【理解】【段落涵義—要旨】
　(A)銀河的距離
　(B)銀河主要的分類＊
　(C)橢圓形銀河如何形成
　(D)不規則形與螺旋形銀河的區別

2. 下列特性，何者屬於電波銀河？【理解】【段落涵義—內容】

　(A)含有大量的星際雲塵

　(B)因為太小所以天文望遠鏡看不見

　(C)和不規則銀河有密切的相關

　(D)比螺旋銀河明亮＊

3. 作者在第三段，為何要提到仙女座及處女座銀河？【理解】【段落涵義—推論】

　(A)描述星座之間的距離

　(B)比較年輕星座的年齡

　(C)強調銀河距地球的遙遠＊

　(D)解釋為什麼某些銀河在望遠鏡中看不見

4. 「它們」的亮光在地球形成之前，已射向地球。「它們」是指什麼【理解】【段落涵義—推論】

　(A)仙女座銀河

　(B)處女座銀河

　(C)十億光年遠的銀河＊

　(D)螺旋狀銀河

㈢科技

甲、

　　也許打從人類開始能夠從事抽象性思考時起，人們就一直思考著宇宙的起源。我們很難知道人類或史前人類們到底在什麼時候，開始問他們自己這個問題，但是現在我們卻能肯定的說：問題的答案就要找到了。

　　宇宙爆炸形成的論點已經提出來一段時間了，但隨之而來的一些誤解，也廣為人知。它們最早是由幾個美國物理學家在1940年代提出來的，而在接下來的幾年，這個理論雖然不斷被修正；然而，它仍舊只是一個理論。直到宇宙背景探測衛星在1989年被發射到軌道上，並傳送回來一些史前爆炸所遺留的輻射數據，情況才有所改變。這些數據和爆炸論者的預測十分接近，所以這些數據，現在被廣泛地採用為爆炸論的證據。

　　現在剩下的事，則是定義當宇宙以極巨大的速度爆炸時，那一瞬間的實際過程。令人驚訝的是，許多幫助物理學家做這件事的資訊，竟然來自實驗室。藉由使用一種可以使次原子粒子加速到近乎光速的設備，使科學家能夠製造出這些粒子光束間的高能量撞擊。這些撞擊的能量極高，可以使科學家們在短短的一瞬間，以小規模的方式推測出類似於大爆炸後一瞬間的情況。

　　隨著實驗中能量一次次的提高，我們也越來越逼近宇宙形成的真相。藉由這些技術，物理學家得以用實驗證據，說明宇宙在大爆炸後僅存於10的 —35次方秒到10秒之間的情況。

　　聽到這裡，有些人可能認為科學家們連真正的問題都還沒觸碰到，而且，在他們找出大爆炸的原因之前，都不可能找出這問題的答案。對於一個外行人，這樣的說法也是有道理；但是對科學家來說，關注這些在宇宙形成之前的事情，是完全沒有意義的。大爆炸是一切宇宙空間、時間、律法的開始點，所有我們已知道或有希望知道的事，都是從那一點開始。而這之前的一切，永遠都不屬於人類疑問的範疇內。——改寫自《時代解讀》

1.這篇文章的主題是什麼？【理解】【段落涵義—要旨】

(A)宇宙爆炸論和其他類似理論的比較

(B)科學家對證實爆炸論上所做的努力 *

(C)引起大爆炸的原因

(D)大爆炸後，宇宙的進化

2. 根據上文，有關宇宙背景探測衛星的說明，何者<u>不正確</u>？【理解】【段落涵義—內容】

(A)它提供的證據，證實了爆炸論

(B)它是一個在1989年發射的人造衛星

(C)它所偵測到的輻射，形成於宇宙爆炸後的一瞬間

(D)起初是由幾個美國科學家在40年代設計的 *

3. 文中暗示在宇宙大爆炸後，___。【理解】【段落涵義—推論】

(A)探測衛星立刻傳回相關的資料

(B)科學家開始思考大爆炸的起源

(C)宇宙擴張只維持了10的一35次方秒到10秒 *

(D)發散出來的輻射，沒有留下蹤跡

4. 根據上文，科學家如何重建大爆炸的過程？【理解】【段落涵義—內容】

(A)分析由宇宙背景探測號傳回的資訊、數據

(B)在實驗室中模擬大爆炸的過程 *

(C)追溯大爆炸時遺留下的輻射蹤跡

(D)用複雜的數學理論運算

5. 根據上文，許多非科學家者反對什麼？【理解】【段落涵義─內容】
   (A)宇宙的形成，太難了解
   (B)沒有足夠證據，證實宇宙形成的過程
   (C)沒有對宇宙的起源，提出說明＊
   (D)大爆炸所產生的能量，沒有確切的回答

6. 根據上文，下列問題何者<u>不能</u>被回答？【理解】【段落涵義─推論】
   (A)什麼東西引起宇宙的形成
   (B)作者對於「大爆炸前的情況」所採取的態度＊
   (C)科學家如何定義大爆炸後，接下來的過程
   (D)宇宙背景探測號帶回什麼資訊，用來證明爆炸論

乙、

　　量子力學這個領域是愛因斯坦當初沒有預期到的現代理論物理學之一。事實上，他連量子力學最基本的立論前提都無法接受。在20世紀愛因斯坦等於是天才的同義字，而這樣的比喻，他也當之無愧。他的理論將牛頓機械論的宇宙變成一個相對宇宙，在這個宇宙中，時間和空間、物質和能量都是密切相關的，沒有什麼事情可以絕對獨立的。然而，在構思這些想法時，愛因斯坦並沒有預見牛頓的理論將會很快的被廢棄。

　　愛因斯坦的天才是不可否認的，而他對大範圍宇宙影響力的洞察力，除了牛頓之外，也是無人可比。然而，他卻無法理解20世紀物理學中，宇宙在無限小的規模中運作的預言，這就是量子

力學，而它的基礎原理就是人們對宇宙的認識及預測都是有限的。

量子理論說明原子的結構是由環繞核心的電子所組成，這些電子並非如同以前的假設是分立的微粒，而是只能在明確的區域或能量層存在的波。然而要用理論進一步說明這些電子的明確位置及移動是無法做到的，我們只能定義出一些可能性而已。這樣的說法使宇宙的運作增加了一些隨機性。而這是愛因斯坦終其一生所無法接受的。

愛因斯坦對這個概念的反對，可以用他創造的一句話來總結：上帝並不玩骰子。這句話讓我們洞悉了愛因斯坦深根蒂固反對的原因。愛因斯坦打從心底相信一種潛在的美或邏輯，他認為這個美或邏輯指揮整個宇宙的功能。愛因斯坦在他的研究生涯中，多次和他的同事們反其道而行，不依照宇宙真正的運作方式追尋理論，而是依照他個人主觀認為宇宙該如何運行來尋求答案。

一方面來說，愛因斯坦繼承了牛頓的想法。牛頓的力學定律說明了宇宙中所有需要的東西都是一套自給自足的訊息，這套訊息定義了一個開始情況的參數，以便用來預測宇宙必須經歷的後續演變，這就是物理學家所謂的「決定論」。愛因斯坦和牛頓一個諷刺的相似處在於：愛因斯坦相信量子力學理論的不可預知性，在這隱藏的不明參數被發現出來時，會消失。這個「隱藏參數量子理論」造成可以驗證的預測，和傳統量子力學有很大的不同。而用來驗證這些理論相對有效性的實驗結果都傾向支持傳統方法，這也許將永遠地終結了「決定論」的宇宙。——改寫自《時代解讀》

1. 這篇文章主要是討論什麼？ 【理解】【段落涵義—要旨】

　(A)牛頓和愛因斯坦對物理的不同貢獻及生平

　(B)愛因斯坦早期和晚期對宇宙運性的不同想法

　(C)牛頓對現代量子力學的貢獻

　(D)愛因斯坦反對量子力學的原理＊

2. 根據上文，愛因斯坦所無法接受的概念是什麼？ 【理解】【段落

　涵義—推論】

　(A)相對宇宙的概念

　(B)20世紀認為無限小宇宙的不可預知性的想法＊

　(C)宇宙的演化可由一套明確的資訊預測

　(D)電子環繞核心移動的假設

3. 愛因斯坦所謂「上帝不玩骰子」，說明他反對什麼？ 【理解】

　【段落涵義—觀點】

　(A)宇宙影響力具有不可預知性的概念＊

　(B)猜測宇宙運行的方法

　(C)牛頓的決定論

　(D)因宗教而產生的量子力學

4. 作者在文章的第五段提到牛頓的力學定律，是為了什麼？ 【理

　解】【段落涵義—推論】

　(A)陳述其中可能的邏輯缺失

　(B)說明兩位科學家的想法有極大的不同

　(C)證明愛因斯坦和牛頓在某一方面的態度仍是一樣的＊

(D)讓讀者了解牛頓有關物理定律的相關知識

丙、

　　這篇演說是魏徹特1896年在東普魯士古尼斯堡的「物理與經濟學會」中發表的，時間正是侖琴發現X射線的第二年。他說：「我們認為宇宙是由一些稱為『原子』的小單元所構成的。然而應該強調的是，『原子』這個詞的現代意義，已經偏離了古時候的哲學推想。我們非常確定，原子絕不是宇宙中最簡單的成分，相反的，由光譜的研究及一些其他的現象可以發現，原子具有非常複雜的結構。就目前科學的進展來看，我們可能必須放棄一些想法，不要認為往更小的世界進展就能獲得宇宙最基本的真理。我相信我們可以毫不後悔的放棄這種想法。不論在比我們大或是比我們小的世界裡，宇宙都是『全方位的無限』。如果僅憑人類經驗與認知的範疇，開始不斷地探索宇宙，那麼，不論是往更巨大或更微小的方向，都會到達一個我們的認知和觀念都不再適用的模糊世界中。」

　　這是魏徹特1896年的講詞，但它的觀點從未被物理學家普遍接受。他那種無邊無際且無限延伸的宇宙觀，與後來主宰物理學界近五十年的愛因斯坦的宇宙觀，大相逕庭。直到今天，科學家中仍然有兩派意見：一類是像愛因斯坦的統合論者，認為自然的現象活動能被簡化成一組方程式；另一類則如魏徹特的多樣論者，認為宇宙是無窮盡的。

　　另一種觀察科學史上統合論與多樣論的方法，是採社會角度的觀點。長久以來，學術與工業是壁壘分明的，科學則同時屬於這兩個世界，但學術形式的科學和工業形式的科學則大不相同。

學術世界的科學傾向於統合論，而工業世界的科學則為多樣論的天下。世界上第一個學術城市是雅典；而世界上第一個工業城市則為曼徹斯特，所以我用「雅典」與「曼徹斯特」做為兩類科學觀點的代表記號。

就我所知，迪斯瑞立是第一位提出此項比喻的人。他說：「一個能長久存在於人們記憶中的偉大城市必須代表某種偉大的思想。羅馬代表征服；耶路撒冷代表信仰；而雅典則代表了古代藝術世界的卓越特質。藝術對古代世界的意義，就如同科學對現代世界的意義。在人們的想法中，事物『有用』已經繼承了『美麗』的地位。風景優美的紫羅蘭花冠城市並未興盛，反倒是曼徹斯特這個蘭開夏區的小村莊，已經擴張成充斥工廠和房舍的重鎮了。然而，正確的看法應該是：以人類的成就而言，曼徹斯特和雅典一樣偉大。」

曼徹斯特這種反學術、反制度而不顧一切的趨勢，形成了科學發展的溫床，而此地科學發展的形態與雅典的科學大不相同，就好像兩百年後利物浦附近興起的披頭四音樂與莫札特大不相同，是一樣的。雅典的科學強調想法和理論，試圖以統合的理論解釋整個宇宙間發生的所有事件；曼徹斯特的科學則強調事實與實務，試圖拓展我們對自然多樣性的知識。當然，科學的統合論在雅典之後仍然存在，而多樣論也並非由曼徹斯特開始。──改寫自Freeman J. Dyson〈曼徹斯特與雅典〉

1. 根據上文，侖琴在哪一年發現X射線？【理解】【段落涵義─內容】

　(A)1894年

　(B)1895年 *

(C)1896年

(D)1897年

2. **根據上文，物理學界的主流較可能是什麼？** 【理解】【段落涵義—推論】

(A)魏徹特的主張

(B)無限宇宙觀

(C)曼徹斯特的科學精神

(D)統合論*

3. **根據上文，下列有關雅典和曼徹斯特兩座城市的敘述，何者最恰當？** 【理解】【段落涵義—內容】

(A)雅典和曼徹斯特是繼羅馬和耶路撒冷之後，世界人口最多的城市

(B)雅典和曼徹斯特在藝術上的貢獻，能與羅馬和耶路撒冷相提並論

(C)曼徹斯特重在啟迪工業革命，雅典則是喚起知識的覺醒*

(D)雅典和曼徹斯特在工業革命時期，城市內部都充斥著工廠與房舍

4. **下列四組人名、地名、專有名詞或敘述，何者屬於同一種概念？** 【理解】【段落涵義—觀點】

(A)愛因斯坦、雅典、理論與通則、在自然界尋找基本的真理*

(B)魏徹特、羅馬、統合論、生命可無盡分化

(C)莫札特、耶路撒冷、多樣論、宇宙可無限延伸

⒟披頭四、曼徹斯特、事實與實務、自然現象能簡化成一組方
　程式

5.依據「然而，正確的看法應該是：以人類的成就而言，曼徹
　斯特和雅典一樣偉大」一句，可推知本文作者對「多樣論」
　採取何種態度？【分析】【段落涵義—深層涵義】
　⒜理性反對
　⒝委婉支持＊
　⒞超然中立
　⒟暗藏諷刺

㈣歷史

甲、

　　巴黎鐵塔是人類建築史上的里程碑，這座里程碑並非過去石
塊所堆砌的建築，而是完全以鋼鐵鑄造，屬於新時代的建築。同
樣的，設計這座鐵塔的人也是屬於新時代的人。艾菲爾建造了巴
黎的地標鐵塔，但他卻不是建築師，而是一位機械工程師。

　　艾菲爾不但是傑出的工程師，更是具有前瞻眼光的人。在工
程進行時，他甚至為工人們在塔座的上層，設計了一個工人餐
廳，使工人不必上上下下吃飯、休息，這樣不僅增加效率，也減
少意外的發生。1889年完工的巴黎鐵塔，迄今結構仍然十分堅
固，當年以鑄鐵建造的作法，正是現代高科技建築所使用的方
式。

　　巴黎鐵塔從人類科技的角度而言，的確是座偉大的建築物，
人類終於可以從高空之處，以上帝的眼光俯瞰自己所居住的城

市。因此，從某個角度而言，艾菲爾也改變了人類對世界的看法。

不過，當年巴黎市民對無論從都市的任何角落都可以仰望鐵塔的身影，感到無法忍受，於是群起抗議。為了避免鐵塔遭受被拆除的厄運，艾菲爾除了極力為鐵塔的美學形式辯護外，也將鐵塔變成一座實驗室，加強它在科學上的功能與價值。其後幾年，艾菲爾除了研究自由落體的空氣阻力、空氣動力學，也進行電波發射等實驗。1923年艾菲爾逝世，而直到1964年，鐵塔才被列為古蹟，免於被拆除的危機。

艾菲爾鐵塔打破了舊有保守的觀念，也喚醒人們對新時代的渴望，百年之後，依然讓人感到振奮與樂觀。——改寫自李清志〈艾菲爾與鐵塔〉

1. 巴黎鐵塔完成時，居民雖群起反對，卻仍被保留下來。其間的關鍵是什麼？【理解】【段落涵義—推論】
   (A)巴黎市民求新求變的精神
   (B)艾菲爾的智慧與因應方式＊
   (C)巴黎鐵塔在科學上的貢獻
   (D)巴黎人將這個新地標列為古蹟

2. 下列敘述，何者<u>不是</u>巴黎鐵塔所代表的新時代精神？【理解】
   【段落涵義—內容】
   (A)建造者的身分不是建築師
   (B)促成科學研究的發展＊
   (C)改變人類觀看世界的角度

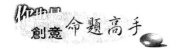

(D)創造新的建築方式

3.下列何者最能說明本文的要旨？【分析】【段落涵義—要旨】

(A)建築改變人類對世界的看法

(B)巴黎鐵塔保衛戰

(C)艾菲爾對巴黎的貢獻

(D)艾菲爾與鐵塔的前衛精神＊

4.本文採用何種寫作方法？【理解】【段落修辭—表現手法】

(A)以說明介紹事物＊

(B)以論說討論問題

(C)以類比闡明事理

(D)以定義表達概念

㈤藝術文化

甲、

　　宋人工藝，向具素淨灑脫之美，亦是掙脫唐人濃艷窠臼，更不用說與入清後的琺瑯相比了。北宋汝窯因在河南汝州，能「內有瑪瑙為釉」，晶瑩透澈，溫潤如君子之玉。其中的天青或蔚藍釉色，有如一湖水綠，青碧中另帶粉藍，寧靜嫻雅，透澈玲瓏；輕風一過，細看釉面，水波漣漪，透明網路狀的開片淡淡蓋印著湖水藍天，有如薄妝美人，不掩絕色。我喜歡汝窯之美，正是它的脫俗開朗，晶瑩如玉，明亮中有其雍容氣度，嫻靜中不失嚴謹大方，正是讀書人本色。——改寫自張錯〈溫潤如汝〉

1. 本文描述的宋代珍玩，最有可能是什麼？【理解】【段落涵義一
推論】
(A)木雕筆筒
(B)美女雕塑
(C)寫意山水
(D)陶瓷器皿＊

2. 根據本文，可知作者欣賞汝窯之美的主要原因是什麼？【段落
涵義一內容】
(A)色澤光鮮，明豔照人
(B)雍容淡雅，性淨脫俗＊
(C)刻鏤精工，晶瑩剔透
(D)珍貴稀少，世所罕見

乙、

　　我們平常生活的心與藝術生活的心，最大的差別，在於物我
的關係上。平常生活中，視外物與我是對峙的；藝術生活中，視
外物與我是一體的。藝術心理中有一種叫做「感情移入」，在中
國畫論中，即所謂「邊想妙得」。就是把我的心移於對象中，視
對象為與我同樣的人，於是禽獸、草木、山川、自然現象，皆有
情感，皆有生命。這看法稱為「有情化」，畫家以此觀看世間，
則他所描寫的山水花卉便會有生氣，有神韻。中國畫的最高境界
「氣韻生動」，就是這樣達到的。不過畫家用形象、色彩使形象有
情化，但化其神，不化其形，所以一般人不大容易看出來。

　　詩人用言語把物象有情化，就容易看出。例如禽獸，用日常

的眼光看，只是愚蠢的動物，但用詩的眼光看，卻是有感情的。所以古人詩曰：「年豐牛亦樂，隨意過前村」，；推廣一步，植物亦皆有情，所以說：「可憐汶上柳，相見也依依」；再推廣一步，山水亦皆有情，所以說：「相看兩不厭，只有敬亭山」。這是藝術上最可貴的一種心境，習慣了這種心境，並應用這態度在日常生活上，則物我對敵之勢可除去，自私自利之欲可熄滅，而平等博愛之心可增長，一視同仁之德可完成。——改寫自豐子愷〈論藝術〉

1. 下列詩句，何者符合上文所說的「將物象有情化」？〔應用〕【段落涵義知識－觀點】

　(A)問君能有幾多愁？恰似一江春水向東流

　(B)美人自古如名將，不許人間見白頭

　(C)紅顏今日雖欺我，白髮他時不放君

　(D)青山箇箇伸頭看，看我庵中吃苦茶＊

2. 下列敘述何者<u>不是</u>作者所要表達的意旨？〔理解〕【段落涵義－觀點】

　(A)畫家要達到氣韻生動的境界，必須發揮想像力

　(B)形象、色彩可以清晰的表達出形象有情化的境界＊

　(C)藝術上的平等觀宜應用於日常生活之中

　(D)文學上的移情作用，較容易被觀察到

3. 推擴作者之意，下列那個觀念，容易增加物我的對峙？〔理解〕【段落涵義－推論】

(A)人生天地間，只有使用權，沒有所有權

(B)親親而仁民，仁民而愛物

(C)天地與我並生，萬物與我為一

(D)人定勝天，舍我其誰＊

㈥社會生活

甲、

　　一個人在生活中，不能夠不懂得寬容，也不能一味地寬容。一個不懂寬容的人，將失去別人的尊重；一個一味地寬容的人，將失去自己的尊嚴。對於別人的寬容，我們應該知道自慚；而寬容地對待別人時，也應該知所節制。——節選自汪國真〈寬容〉

1. 從文章的類別來看，這則短文屬於何種文體？【分析】【段落文法—文體知識】

(A)應用文

(B)記敘文

(C)抒情文

(D)論說文＊

2. 「寬容地對待別人時，也應該知所節制」，其理由何在？【理解】【段落涵義—觀點】

(A)為避免要求別人過嚴，對待自己過寬

(B)因為過度的寬容別人，就會流於縱容＊

(C)因為不能將別人的厚待視為理所當然

(D)為了使別人樂於親近自己，廣結善緣

乙、

　　手機充電座一般可分為A、B、C、D等四種類型，並有單雙槽之分。所謂A型是指充電座具有液晶顯示面板，可清楚顯示手機及電池的充電狀況；B型則是以燈號顯示充電狀況；C型雖無法顯示充電狀況，卻有快速充電、便於攜帶的優點。這三者都必須搭配專屬的變壓供應電源，不可隨意更換變壓器。國內電壓規格，並選用合適的變壓器，才能有效供應電力。此外，D型可自動調節電壓，沒有更換變壓器的問題，也是另一項選擇。──選自使用說明書

1. 下列何者最適合作為這段文字的標題？【理解】【段落涵義─標題】

　(A)充電用電的注意事項

　(B)電壓的規格與變壓器

　(C)手機充電座優劣評定

　(D)手機充電的相關資訊＊

2. 由上文可知，出國旅遊而又不知當地電壓規格時，最好使用哪一種充電座？【理解】【段落涵義─推論】

　(A)A型

　(B)B型

　(C)C型

　(D)D型＊

丙、

　　現代生活中常會面臨一種麻煩的情況：當你在等上樓電梯時，先到的一定是下樓電梯；而當你要等下樓電梯時，先到的卻是向上的電梯。然而這樣的觀察結果是對的，因為這是自然法則的一部份。

　　為什麼先到的通常都是反方向的電梯呢？這個問題相當簡單。在多數建築物中，當你位於較低樓層時，要上樓的機率比較大，因為向上的目的地比較多，而向下的目的地比較少。也就是說，在你上方的電梯可能比較多而在你下方的電梯比較少，這意味著當電梯到達時，他們通常是向下的。同樣的，當你在較高樓層時，你想下樓的機會可能比較多，但因為在你下方的電梯比較多，所以當電梯到你這一層時，通常是向上的。

　　雖然這個分析並不適用於建築物的一樓及頂層，因為所有在一樓的電梯都是向上的，而所有在頂樓的電梯都是向下的；但搭電梯者都還是能夠證實，不管在一樓或頂樓你通常還是得花上一段時間等電梯。在早上尖峰時間大多數人要上樓，而在傍晚尖峰時間則相反。

　　然而我們對電梯也會產生一種心理作用。因為負面的情緒通常都比正面的情緒來的強烈，所以我們通常傾向於記住那些對電梯的失望感，而對滿足感的記憶較為模糊。我們常會忘記正向電梯來的那些時間，而將焦點放在那些反向的電梯上。

1. 在高層樓建築物中，如果你在二、三樓，你可能要往上。因為什麼？【理解】【段落涵義─推論】

　　(A)在你下方有較多的電梯

　　(B)在你下方有較多的目的地

(C)在你上方有較多的電梯

(D)在你上方有較多的目的地＊

2. 根據上文，下列情況何者最可能發生？【理解】【段落涵義－推論】

　(A)上樓時遇到符合方向的電梯的機率，比下樓時大

　(B)早上遇到向上電梯的機率，比在傍晚大

　(C)傍晚遇到向上電梯的機率，比在早上大＊

　(D)你很難碰到符合所須的電梯速度

3. 下列敘述，何者較正確？【理解】【段落涵義－內容】

　(A)等電梯可能牽涉了心理因素及個人情緒在其中＊

　(B)人們對正面情緒的感覺，通常比負面情緒要強烈

　(C)我們等電梯時的正面情緒，與高度成反比

　(D)我們在等電梯時，總是充滿焦慮失望的情緒

(七)經濟

甲、

　　公共財也就是公共設施，沒有人能完全不使用到這些設備。每個人都可以自由的享受公共財帶來的好處，多一個人使用，也不會使其他使用的人，權益受損。

　　公共財的例子並非像一般人想的那麼少，水閘就是一種公共財。一旦水閘建好了，所有住在附近地區的人不管他們是否捐錢建立，都能得到好處。此外，高速公路的號誌、導航設備也是一樣，一旦建立了一座燈塔，任何國家的船隻，都可以使用到這個

燈塔來導航。國防也是一種公共財,即使是反對國防預算的人或是不繳稅的人,也都能同樣受惠。

　　要判斷一個公共財所帶來的社會成本和社會福利並不是件容易的事。要駕駛人因為看高速公路的號誌而付費,要水手因為使用到燈塔而付錢,或是要人民因為國防系統所提供的安全而付錢,都是不可能的。因為這種需求並沒有必要的指標,所以須用經濟分析取代客觀的市場判斷。

1. **這篇文章的主題是什麼?**〔理解〕〔段落涵義—要旨〕
　(A)航行安全的設備
　(B)市場的經濟結構
　(C)使用公共財的好處*
　(D)降低稅率的好處

2. **下列何者是屬於公共財?**〔理解〕〔段落涵義—推論〕
　(A)大眾捷運系統
　(B)高速公路
　(C)大型購物中心
　(D)玉山國家公園*

3. **下列敘述,何者較能說明上文前二段的組織特色?**〔分析〕〔段落文法—章法結構〕
　(A)從應用經濟的觀點,提出建議
　(B)根據例子,說明不同的結論
　(C)用具說服力的文字,辯駁一個普遍的想法

(D)對一個概念先做定義，再舉例說明＊

二、文學性段落

㈠古典短文

甲、

> 1. 不數日，又相攜觀日出。至則昏暗，咫尺不辨，第聞濤聲，若風雷之驟至。須臾天明，日乃出。然不遽出也，一線之光，低昂隱見，久之而後升。——選自管同〈寶山遊記〉
>
> 2. 雲一線異色，須臾成五采。日上，正赤如丹，下有紅光，動搖承之。——選自姚鼐〈登泰山記〉
>
> 3. 東方白霧中，一線霞裂作金黃色，由南互北，直視萬里。少時漸巨，炫為五色，正東赤艷尤鮮。更待之，一輪血紫從層雲底奮湧而起，光華萬道，圍繞炫耀，大地豁朗，心目俱爽。——選自錢邦己〈遊南岳記〉

1. 以上三段短文，何者使用了「譬喻」的修辭法？【分析】【段落修辭—修辭技巧】

   (A) 1、2＊

   (B) 1、3

   (C) 2、3

   (D) 1、2、3

2. 有關以上三段短文的說明，何者最恰當？【分析】【段落修辭—

表現手法】

(A)1段動態的描寫最鮮活

(B)2段色彩的描寫最單調

(C)3段日出過程的描寫最細膩*

(D)三段的描寫都是由近及遠，由景及人

3. 下列「　」中的詞，何者是形容詞？【理解】【詞語涵義】

(A)風雷之「驟」至

(B)然不「遽」出

(C)「炫」為五色

(D)心目俱「爽」*

乙、

　　吾非讀書人，入則孝，出則弟，守先待後，得志，澤加於民；不得志，修身見於世；所以又高於農夫一等。今則不然，一捧書本，便想中舉人，中進士，作官如何攫取金錢，造大房屋，置多田產。起手便錯走了路頭，後來越做越壞，總沒有個好結果。其不能發達者，鄉里作惡，小頭銳面，更不可當。夫束修自好者，豈無其人？經濟自期，抗懷千古者，亦所在多有；而好人為壞人所累，遂令我輩開不得口。——選自鄭板橋〈寄弟墨書〉

1. 作者認為當時讀書人受尊重的程度不如從前，其主要原因何在？【理解】【段落涵義—內容】

(A)讀書的方法不同

(B)讀書的目的不同*

(C)讀書的態度不同

(D)讀書的內容不同

2. 本文的詞語應用在口語中，下列何者最恰當？〔應用〕【應用恰當語詞】

　(A)初生嬰兒「小頭銳面」、小手小腳的嬌憨模樣，真是可愛

　(B)為政者若能造福鄉里，「澤加於民」，就會得到百姓的愛戴*

　(C)她的歌聲有如黃鶯出谷，當代難得一見，可說是「抗懷千古」

　(D)歌迷們「守先待後」，將演唱會後台團團圍住，等待偶像出現

3. 「夫束修自好者，豈無其人？經濟自期，抗懷千古者，亦所在多有」，是在說明什麼？〔理解〕【句子涵義一要旨】

　(A)只要潔身自好，一定有欣賞自己的人

　(B)有志節的讀書人，往往出於亂世之中

　(C)世人都嚮往功名利祿，唯讀書人能堅定自持

　(D)雖然世風日下，但是仍有懷抱理想的讀書人*

丙、

　　六國之君，虐用其民，不減始皇、二世。然當是時，百姓無一人叛者，以凡民之秀傑者，多以客養之，不失職也。其力耕以奉上，皆椎魯無能為者，雖欲怨叛，而莫為之先，此其所以少安而不及亡也。始皇初欲逐客，用李斯之言而止；既并天下，則以客為無用，於是任法而不任人，謂民可以恃法而治，謂吏不必

才，取能守吾法而已。故墮名城，殺豪傑，民之秀異者，散而歸田畝。向之食於四公子、呂不韋之徒者，將安歸哉？不知其能槁項黃馘以老死於布褐乎？抑將輟耕太息以俟時也？秦之亂雖成於二世，然使始皇知畏此四人者，有以處之，使不失職，秦之亡不至若是速也。縱百萬狼虎於山林而饑渴之，不知其將噬人。世以始皇為智，吾不信也。——節選自《東萊博議》

　　□黃馘：面色發黃。　　此四人者：指智、勇、辯、力四種人。

1. 上文主要是分析什麼？【理解】【段落涵義—要旨】
　　(A)六國與秦朝覆亡的遲速，與其是否施行仁政有關
　　(B)六國與秦朝覆亡的遲速，與其對待人才的方式有關＊
　　(C)六國與秦朝的覆亡，皆因卿相養士而勢力坐大，危及國君
　　(D)六國與秦朝的覆亡，除國君同樣殘虐外，亦因國君不知善待人才

2. 「雖欲怨叛，而莫為之先」的「之」是指什麼？【理解】【語詞涵義—詞義】
　　(A)秦
　　(B)六國
　　(C)民之秀傑者
　　(D)椎魯無能為者＊

3. 下列文句「」內的解釋，何者錯誤？【理解】【語詞涵義—詞義】
　　(A)槁項黃馘以老死於「布褐」：貧賤

(B)此其所以「少」安而不及亡也：暫時

(C)向之食於四公子、呂不韋之「徒」者：學生＊

(D)其力耕以奉上，皆「椎魯」無能為者：愚笨

4.「縱百萬狼虎於山林而饑渴之，不知其將噬人」的「狼虎」
是比喻什麼？【理解】【語詞涵義—詞義】

(A)秦始皇

(B)四公子、呂不韋

(C)六國之君

(D)民之秀傑者＊

丁、

　　余讀《東京夢華錄・武林舊事》，記當時演史小說者數十
人。自此以來，其姓名不可得聞。乃近年共稱柳敬亭之說書。

　　柳敬亭者，揚之泰州人，本姓曹。年十五，獷悍無賴，犯法
當死，變姓柳，之盱眙市中為人說書，已能傾動其市人。久之，
過江，雲間有儒生莫後光見之，曰：「此子機變，可使以其技
鳴。」於是謂之曰：「說書雖小技，然必句性情，習方俗，如優
孟搖頭而歌，而後可以得志。」敬亭退而凝神定氣，簡練揣摩，
期月而詣莫生。生曰：「子之說，能使人歡咍嗢噱矣。」又期
月，生曰：「子之說，能使人慷慨涕泣矣。」又期月，生喟然
曰：「子言未發而哀樂具乎其前，使人之性情不能自主，蓋進乎
技矣。」由是之揚，之杭，之金陵，名達於縉紳間。華堂旅會，
閒亭獨坐，爭延之使奏其技，無不當於心稱善也。——選自黃宗
羲〈柳敬亭傳〉

1. 根據上文，下列「」的詞義說明，何者較正確？【理解】【語詞
涵義—詞義】

(A)以其技「鳴」／自鳴得意

(B)「句」性情／描摹 ＊

(C)名達於「縉紳」間／市井小民

(D)使「奏」其技／演奏

2. 根據上文，推斷有關《東京夢華錄》的說明，何者較正確？
【理解】【文化知識—典籍】

(A)此書宜為民國作品

(B)紀錄許多說書人的姓名 ＊

(C)詳錄柳敬亭的事蹟

(D)作者為黃宗羲

3. 根據上文，下列有關柳敬亭生平的說明，何者較正確？【理解】
【段落涵義—觀點】

(A)因莫後光的賞識，而以說書為業

(B)年輕時喜歡仗義行俠，為人排紛解困

(C)稟性聰明靈活，學習能力極強 ＊

(D)莫後光親授他說書的各種技巧

4. 根據上文，下列選項何者能描寫柳敬亭說書的藝術境界？【理
解】【段落涵義—觀點】

(A)敬亭退而凝神定氣，簡練揣摩

(B)說書雖小技，然必如優孟搖頭而歌，而後可以得志

(C)子言未發而哀樂具乎其前，使人之性情不能自主＊

(D)華堂旅會，閒亭獨坐，爭延之使奏其技

(二)現代短文

甲、

　　幾乎沒有例外的，鳥的身軀都是玲瓏飽滿的，細瘦而不乾癟，豐腴而不臃腫，真是減一分則太瘦、增一分則太肥那樣地穠纖合度，跳盪得那樣輕靈，腳上像是有彈簧。看牠高踞枝頭，臨風顧盼——好銳利的喜悅刺上我的心頭。不知是什麼東西驚動牠了，牠倏地振翅飛去，牠不回顧，牠不徘徊，牠像虹似地一下就消逝了，牠留下的是無限的迷惘。有時候稻田裡佇立著一隻白鷺，拳著一條腿，縮著頸子；有時候「一行白鷺上青天」，背後還襯著黛青的山色和釉綠的梯田。——節選自梁實秋〈鳥〉

1. 有一些詞必須由兩個或兩個以上的音節合起來才能表達意義，像「徘徊」、「葡萄」即是。上文中出現的語詞，何者與此相同？【應用】【語詞文法—複詞】

(A)玲瓏＊

(B)彈簧

(C)身軀

(D)消逝

2. 下列文句「　」中的字，何者詞性與上文中「增一分則太肥」的「增」字相同？【應用】【語詞文法—詞性】

(A)纖柔典雅，眼波如「水」

(B)月「暗」星稀，蟲鳴雜奏

(C)秋「風」蕭颯，落葉紛紛

(D)過眼雲煙，倏忽即「逝」＊

乙、

　　層層的葉子中間，零星地點綴著些白花，有裊娜地開著的，有羞澀地打著朵兒的；正如一粒粒的明珠，又如碧天裡的星星，又如剛出浴的美人。微風過處，送來縷縷清香，彷彿遠處高樓上渺茫的歌聲似的。

　　月光如流水一般，靜靜地瀉在這一片葉子和花上。薄薄的青霧浮起在荷塘裡。葉子和花彷彿在牛乳中洗過一樣；又像籠著輕紗的夢。雖然是滿月，天上卻有一層淡淡的雲，所以不能朗照；但我以為這恰是到了好處——酣眠固不可少，小睡也別有風味。月光是隔了樹照過來的，高處叢生的灌木，落下參差的斑駁的黑影；彎彎楊柳的稀疏的倩影，卻又像是畫在荷葉上。塘中的月色並不均勻；但光與影有著和諧的旋律，如小提琴上奏著的名曲。

——節選自朱自清〈荷塘月色〉

1.「田田的葉子」一句，「田田」是形容荷葉的什麼？〔理解〕
　〔語詞涵義—詞義〕

　(A)茂盛的樣子＊

　(B)輕籠著薄霧

　(C)稀疏的倩影

　(D)裊娜的舞姿

2. 下列各句，何者採用以聽覺描寫視覺的表現手法？【應用】【句子修辭—表現手法】

(A)微風過處，送來縷縷清香，彷彿遠處高樓上渺茫的歌聲

(B)高處叢生的灌木，落下參差的斑駁的黑影

(C)楊柳稀疏的倩影，像是畫在荷葉上一樣

(D)塘中的月色並不均勻；但光與影有著和諧的旋律，如小提琴上奏著的名曲*

3. 「小睡也別有風味」一句是讚美什麼？【理解】【句子涵義—句義】

(A)月光輕瀉在葉子和花上

(B)青霧浮起在荷塘裡

(C)淡淡的雲輕籠著滿月*

(D)讓荷香月色，悠然入夢

丙、

　　很少有季節是真正從日曆上所記載的那一天開始。相反的，季節是一種質感的經驗：當我們感到光線的質地、白晝的長度和皮膚所感受的空氣有一些幽微的變化，我們便察覺到，大自然正進行一些變化。

　　「小時」便是一天中的季節，它們最初的意義帶有神秘的意味。先人並不依賴鬧鐘作息，而是把時間擬人化，視之為萬物生長、盛開和結果的永恆流轉之信差。在地球萬物生長和變化所開展的韻律中，每一小時都有一個遠比我們固定的時鐘刻度更為豐富而複雜的性格和面貌。

　　今天，即使是在忙碌的城市生活中，我們依然注意到黎明、清晨、上午與正午皆分別擁有它們獨特的性質。陰影漸長的下午和天色漸暗、華燈初上時的性格，便全然不同。──大衛‧史坦德《寂靜之聲‧一天中的季節》

1. 「『小時』便是一天中的季節」，其主要的寓意何在？〔理解〕
【句子涵義一句義】
　(A)一天中每時每刻的變化都有獨特的內涵＊
　(B)不要過於重視時間的挪移，以減輕壓力
　(C)對先民而言，時間的流轉具有永恆的意義
　(D)時間的刻度像人一般的催促我們及時工作

2. 下列敘述，何者和本文對時間的觀感最相似？〔理解〕〔句子涵義一句義〕
　(A)一日之計在於晨
　(B)因循不覺韶光換
　(C)少壯不努力，老大徒傷悲
　(D)一沙一世界，剎那可為永恆＊

貳、認識篇章相關知識

一、文學性篇章

㈠古典韻文

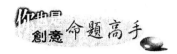

甲、

　　樓上晴天碧四垂，樓前芳草接天涯，勸君莫上高梯。新筍已成堂下竹，落花都上燕巢泥，忍聽林表杜鵑啼。──選自周邦彥〈浣溪沙〉

1. 這闋詞中，作者想藉「登樓」表達什麼？【理解】【篇章涵義─觀點】
   (A)兒女私情
   (B)思鄉之情＊
   (C)壯志豪情
   (D)悼念之情

2. 「新筍已成堂下竹，落花都上燕巢泥」這兩句的意境近於下列何者？【應用】【句子涵義─要旨】（國學）
   (A)燕去燕來還過日，花開花落即經春＊
   (B)好鳥枝頭亦朋友，落花水面皆文章
   (C)人生到處知何似，應似飛鴻踏雪泥
   (D)勸君莫惜金縷衣，勸君惜取少年時

3. 古典詩詞中，常用一些特定的典故或詞語來表達一定的意涵。以這闋詞為例，下列各項說明，何者正確？【理解】【語詞涵義─詞義】
   (A)「新筍」暗示「重生」
   (B)「落花」暗示「懷舊」
   (C)「杜鵑」暗示「思歸」＊

(D)「芳草」暗示「忠君」

乙、

　　回憶當年我養兒，我兒今又養孫兒，我兒餓我由他餓，莫教孫兒餓我兒。——選自《佛光詩語》

1. 詩中「父、子、孫」三人，正在挨餓的是誰？【理解】【篇章涵義—觀點】
　(A)父＊
　(B)子
　(C)孫
　(D)父、子

2. 這首詩的主旨在表達什麼？【理解】【篇章涵義—要旨】
　(A)百苦孝為先
　(B)子女有奉養父母的責任
　(C)父母對子女無悔的愛＊
　(D)受西方風氣影響，中國孝道不存

丙、

　　山石犖确行徑微，黃昏到寺蝙蝠飛。升堂坐階新雨足，芭蕉葉大梔子肥。僧言古壁佛畫好，以火來照所見稀。鋪床拂席置羹飯，疏糲亦足飽我飢。夜深靜臥百蟲絕，清月出嶺光入扉。天明獨去無道路，出入高下窮煙霏。山紅澗碧紛爛漫，時見松櫪皆十圍。當流赤足踏澗石，水聲激激風吹衣。人生如此自可樂，豈必

拘束為人羣幾！嗟予吾黨二三子，安得至老不更歸。——選自韓
愈〈山石〉

1. 根據上文，這首韻文應為什麼？【分析】【篇章文法—文體特色】
　　(A)漢樂府
　　(B)古體詩＊
　　(C)近體詩
　　(D)新體詩。

2. 這段韻文的敘述的手法是什麼？【分析】【篇章文法—章法結構】
　　(A)先敘述後議論＊
　　(B)先寫景後抒情
　　(C)夾敘夾議
　　(D)先寫實後虛擬

3. 下列詩句，何者是描寫山中的山嵐？【理解】【句子涵義—情境】
　　(A)山石犖确行徑微
　　(B)以火來照所見稀
　　(C)出入高下窮煙霏＊
　　(D)山紅澗碧紛爛漫

丁、

　　昔聞洞庭水，今上岳陽樓。吳楚東南坼，乾坤日夜浮。親朋
無一字，老病有孤舟。戎馬關山北，憑軒涕泗流。——選自杜甫
〈登岳陽樓〉

　　樓觀岳陽盡，川迴洞庭開。雁引愁心去，心銜好月來。雲間連下榻，天上接行杯。醉後涼風起，吹人舞袖迴。——選自李白〈與夏十二登岳陽樓〉

1. 根據上文，下列說明何者最正確？【分析】【篇章文法－文體特色】
   (A)兩者用韻相同
   (B)皆為五言古詩
   (C)皆有對偶句*
   (D)皆為初唐作品

2. 根據上文，下列選項，何者最能說明作者「感時憂國」的情緒？【理解】【句子涵義－情意】
   (A)親朋無一字，老病有孤舟
   (B)戎馬關山北，憑軒涕泗流*
   (C)雁引愁心去，心銜好月來
   (D)醉後涼風起，吹人舞袖迴

3. 根據上文，下列有關「杜詩」的說明，何者不正確？【分析】【篇章相關知識－內容】
   (A)隱含「念吾一身，飄然曠野」的情懷
   (B)以空闊的背景，反襯人物的孤獨飄零
   (C)感嘆「萬國盡征戍，烽火被岡巒」的時代動亂
   (D)以想像的筆法，表達濃郁的家國之情*

4. 根據上文，下列有關「李詩」的說明，何者正確？【分析】【篇
章相關知識—內容】

　(A)描景角度採由遠及近的仰觀視角

　(B)以寫實手法，表達詩人的愛國情操

　(C)抒發詩人期待、喜悅的情緒＊

　(D)以明月、浮雲為主要描寫對象

㈡現代韻文

甲、

　　是誰將百里漓江

　　染成濃碧？

　　是誰在晶瑩的水底，

　　鋪下了片片芳草地，

　　輕軟而柔和？

　　船行在綠玻璃上，

　　人影倒在綠玻璃下。

　　綠草在水底探起頭來，

　　像是向水面上問：

　　你下來嗎？

　　你下來嗎？——選自袁鷹〈濃碧〉

1. 「綠玻璃」是形容江水如何？【理解】【語詞涵義—詞義】

　(A)蒼綠而澄澈＊

　(B)翠綠而柔和

　(C)鮮綠而平淺

(D)淡綠而輕軟

2.「你下來嗎？你下來嗎？」是以重複設問，表達綠草的殷切
　邀請，並藉此暗指詩人怎樣的心情？【分析】【篇章涵義—深層涵
　義】
　(A)思念故鄉景物
　(B)體貼他人感受
　(C)自傷遭遇坎坷
　(D)渴望下水一遊＊

3.全詩描寫的特色是什麼？【分析】【篇章文法—章法結構】
　(A)情景交融，詩意委婉＊
　(B)平鋪直敘，氣氛歡樂
　(C)借物寓理，抒寫懷抱
　(D)善用譬喻，寄託相思

乙、

　　　爬上一畝一畝泥土

　　　種植一排一排的

　　　防風林

　　　執著的樵夫

　　　用智慧的斤斧

　　　歷經春夏秋冬

　　　築成一幢幢

　　　詩的小屋──王詔觀《稿紙·靈感》

1. 「靈感／爬上一畝一畝泥土／種植一排一排的／防風林」，這
   是運用何種修辭法？【應用】【文句修辭—修辭法】
   (A)轉化*
   (B)映襯
   (C)誇飾
   (D)引用

2. 詩中的「樵夫」和「斤斧」是指什麼？【理解】【語詞涵義—詞
   義】
   (A)伐木工人和斧頭
   (B)植樹者和鋤頭
   (C)建築工人和圓鍬
   (D)詩人和詩筆*

丙、

　　鳥翅初撲

　　幅幅相連以蝙蝠弧形的雙翼

　　連成一個無懈可擊的圓

　　一把綠色小傘是一頂荷蓋

　　紅色朝暾黑色晚雲

　　各種顏色的傘是戴花的樹

　　而且能夠行走……

　　一柄頂天

　　頂著豔陽頂著雨

　　頂著單純兒歌的透明音符

自在自適的小小世界

一傘在握開闔自如

闔則為竿為杖開則為花為亭

亭中藏一個寧靜的我。——蓉子〈傘〉

1. 下列何者最貼近本詩的意旨？【理解】【篇章涵義—要旨】

　(A)表現作者悠閒與寧靜的心境，反照童年往事，憧憬未來人生

　(B)喻為人應有頂天立地的氣概，反照童年往事，憧憬未來人生

　(C)表現作者悠閒與寧靜的心境，暗喻處順境、逆境都能收放自如＊

　(D)喻為人應有頂天立地的氣概，不論處順境、逆境都能收放自如

2. 「頂著單純兒歌的透明音符」的「透明音符」指的是什麼？

　【理解】【語詞涵義—詞義】

　(A)無懈可擊的圓

　(B)豔陽

　(C)戴花的樹＊

　(D)雨水

3. 就寫作技巧而言，本詩呈現何種特色？【分析】【篇章文法—章法結構】

　(A)善用譬喻，意象生動＊

　(B)對仗工整，節奏和諧

　(C)暗藏典故，旨趣深遠

(D)用語詼諧，風格清新

(三)古典散文

甲、

　　世有伯樂，然後有千里馬。千里馬常有，而伯樂不常有。故雖有名馬，祇辱於奴隸人之手，駢死於槽櫪之間，不以千里稱也。

　　馬之千里者，一食或盡粟一石。食馬者，不知其能千里而食也。是馬也，雖有千里之能，食不飽，力不足，才美不外見，且欲與常馬等，不可得，安求其能千里也？

　　策之不以其道，食之不能盡其材？鳴之而不能通其意，執策而臨之，曰：「天下無馬。」嗚呼！其真無馬耶？其真不知馬也！——韓愈〈雜說四〉

1. 作者想藉本文來抒發什麼？【理解】【篇章涵義—要旨】
　　(A)悲傷賢士懷才不遇＊
　　(B)感慨天下無馬
　　(C)憾恨伯樂不遇千里馬
　　(D)譏評養馬人不懂養馬的方法

2. 本文用什麼方法來表達主旨？【分析】【篇章修辭—表現手法】
　　(A)借景物來抒情
　　(B)借故事來說理＊
　　(C)用直言來勸諫
　　(D)用史實來批判

3. 下列文意的說明，何者正確？【理解】【句子涵義—句義】

　(A)「世有伯樂，然後有千里馬」／只有伯樂才養得出千里馬

　(B)「不知其能千里而食也」／把千里馬當作普通馬來餵養＊

　(C)「策之不以其道」／不能擬定正確的養馬策略

　(D)「鳴之而不能通其意」／馬不能了解主人呼喚的用意

乙、

　　庚公乘馬有的盧，或語令賣去。庚云：「賣之必有買者，即當害其主。寧不安己而移於他人哉？昔孫叔敖殺兩頭蛇以為後人，美談。效之，不亦達乎？」——《世說新語·德行》

　　☐的盧：凶馬

1. 本文旨在說明庚公為人如何？【理解】【篇章涵義—觀點】

　(A)不迷信、不貪財利

　(B)欲效法孫叔敖，追求美名

　(C)安分守己，逆來順受

　(D)有「己所不欲，勿施於人」的精神＊

2. 本文著重在描寫什麼？【理解】【篇章涵義—要旨】

　(A)人物的神采風度＊

　(B)理想的幻滅

　(C)歷史的真實事蹟

　(D)風土與人情

第三節
語文應用能力

壹、應用語詞相關知識

一、能寫出正確字形

1. 下列詞語，何者用字完全正確？【應用】
   (A)並駕齊驅＊
   (B)因循殆惰
   (C)水乳交溶
   (D)天崩地烈

2. 下列各句，何者用字完全正確？【應用】
   (A)等到日上三竿，市聲頂沸時，我再也沒有散步的閒情逸志了
   (B)暴風雨來襲，雷電交加，氣勢萬鈞的威力，使眾生為之震
   懾＊
   (C)童年所經歷的鎖事雖然細碎，卻深深地影嚮著我們的個性
   (D)歲月摧人啊！曾幾何時，我驕憨的小女兒已經婷婷玉立了

3. 下列字音寫成國字後，何者兩兩相同？【應用】
   (A)ㄍㄨㄢ念清晰／ㄍㄨㄢ鍵時刻
   (B)ㄌㄠˊ騷滿腹／身陷ㄌㄠˊ籠＊

(C)功成名ㄐㄧㄡˋ／追ㄐㄧㄡˋ到底

(D)ㄓˋ理名言／格物ㄓˋ知

4. 總公司財務左支右□的消息上了報，果然引起□然大波。這
都是因為高層主管一向偏□小人，才會弄出這麼大的□漏。
【應用】

(A)絀／掀／坦／皮

(B)絀／軒／袒／紕＊

(C)拙／渲／袒／皮

(C)拙／喧／坦／紕

二、能讀出正確字音

1. 下列各組字形相近的字，何者字音相同？【應用】

(A)「朔」氣／「塑」膠

(B)「延」長／「筵」席＊

(C)創「造」／粗「糙」

(D)「曾」子／「僧」侶

2. 下列各組「」內三個「偏旁」相同的字，讀音卻完全不同的
選項是什麼？【應用】

(A)「裨」益／「稗」官野史／「睥」睨群雄

(B)「娉」婷／敦「聘」專家／游目「騁」懷＊

(C)「縞」素／形容枯「槁」／「犒」賞三軍

(D)「俳」優／中傷「誹」謗／不「悱」不發

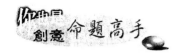
3.小明攤開臺北市地圖，唸了幾條街名，其中那條街名唸錯？

【應用】

(A)「歸綏」街／ㄍㄨㄟ ㄙㄨㄟ

(B)「臨沂」街／ㄌㄧㄣ／ㄧ／

(C)「濟南」路／ㄐㄧˇ ㄋㄢ／

(D)「韶安」街／ㄕㄠˋ ㄢ*

4.下列「」中的字音，何者兩兩相同？【應用】

(A)「褫」奪公權／「遞」送公文

(B)「沏」茶待客／亂石堆「砌」

(C)半途「狙」擊／中道崩「殂」

(D)「蜚」聲國際／「斐」然成章*

三、能應用恰當語詞

1.下列各選項中的數量詞，何者使用<u>不恰當</u>？【應用】

(A)宴會上的女主人身穿一襲寶藍色的旗袍，非常美麗

(B)傳說中的人魚公主擁有一雙海藍的眼睛，明媚動人

(C)花木蘭聽到李亮對她的讚美，臉上泛起了一塊紅霞*

(D)小姑娘在慶生會上，那一張桃紅的笑臉，格外嬌美

2.下列「」中詞語的運用，何者最恰當？【應用】

(A)站在陽明山上匆匆的「出神凝視」，只見台北市的高樓正逐
　　漸被暮色吞沒

(B)交通警察在直昇機上「仰望」高速公路上的交通狀況

(C)千萬顆星星躲在雲後眨著眼睛，「偷窺」人間的動靜*

⑴廣場上圍觀的群眾，一齊「逼視」熱氣球升空的景象

3.閱讀下列兩段文句，依文意內涵，並推敲其形象特徵，依序為□處，選擇較恰當的語詞。【應用】

　　甲、小□□／栽樹忙／栽在自己頭頂上／不澆水／不施肥／一片葉子都不長

　　乙、春天是一匹／世界最美麗的彩布／□□是個賣布郎／他隨身帶著一把剪刀／每天忙碌地東飛飛／西剪剪／把春天一寸寸賣光了

⑷兔子／楊柳

⑻綿羊／蝴蝶

⒞花鹿／燕子*

⑽園丁／時間

4.古人往往透過虛字，表達語氣或情緒。請依序為下文中的□，選填恰當的虛字：

　　靈、博之山有象祠□，其下諸曲夷之居□，咸（都的意思）神而祠□。【應用】

⑷之／矣／也

⑻乎／之／哉

⒞者／之／乎

⑽焉／者／之*

5.下列文句的「」，請選擇較恰當的語詞？【應用】

　　冬天到了，森林一片寂靜，只有「　　」掉落的松果，發

出輕微的聲息。

(A)經常

(B)偶而＊

(C)偶然

(D)突然

四、能修改語詞

1. 閱讀下列短文，並選擇語詞使用錯誤的部份。〔應用〕

陳老師：

　　您<u>約我</u>（甲）今天下午到辦公室，說明<u>貴班</u>（乙）昨天到市立美術館<u>觀賞</u>（丙）的情形，由於臨時（丁）有急事，<u>決議</u>（戊）更改時間。我想<u>明天下午</u>（己），再來向您<u>諮詢</u>（庚），好嗎？

學生

張小美敬上

0月0日

(A)甲丙丁戊

(B)甲乙丙丁

(C)乙丙戊庚＊

(D)甲乙丁己

2. 閱讀下文，並推斷畫線部分的「語詞使用」，何者正確？〔應用〕

　　時間過得真快，轉眼已畢業數月，您的教誨<u>言猶在耳</u>，

您的<u>音容宛在</u>。難忘您上課時的<u>口蜜腹劍</u>，難忘您勤勉時的<u>說長道短</u>，難忘您的一切，對您的思念與日俱增。

(A)言猶在耳*

(B)音容宛在

(C)口蜜腹劍

(D)說長道短

3. 下列文句中，劃線處的詞語，何者運用較正確？

　　媽媽<u>體態輕盈、婀娜多姿</u>（甲），雖然已是<u>徐娘半老</u>，卻<u>風韻猶存</u>（乙）*；如果參加選美比賽，一定可以<u>囊括好幾面獎牌</u>（丙），<u>僥倖衛冕成功</u>（丁）。

貳、應用句子相關知識

一、能應用關係詞

1. 下文「」中的語詞，何者使用較正確？〔應用〕

　(A)有風度的運動家，不但有服輸的精神，「況且」更有超越勝敗的心胸

　(B)一個自甘墮落的人，「反而」是在較好的環境中也依舊一事無成

　(C)我不大相信補藥的功能，「何況」那是醫生推薦的

　(D)讀書重要「固屬」盡人皆知，但並非人人皆喜愛讀書*

2. 下列各選項「」中連詞的使用，何者完全正確？〔應用〕

(A)他「與其」忍受牙痛，「也不願」去看醫生

(B)你「既然」知道做錯了，「也要」反省改進

(C)他「因為」考得很理想，「於是」犧牲睡眠

(D)我「要是」不看電視，「早就」做完功課了＊

二、能接續恰當句子

1. 請為下列短文，接續較恰當的結語。

　　　　積聚怨恨只會造成生命的陰影，因此我們應該讓自己的

　心靈幻化為天使，把平淡的日子唱成一首快樂的歌。這樣，

　我們才能……

(A)感謝先人的遺愛和遺產

(B)舉止恭敬自然

(C)不必再聽別使喚

(D)讓生活變得豐富而有意義＊

2. 下列文句中的□，宜接續何者較恰當？

　　　春天是感覺而不是景象；□

(A)春天在心上，不在身外＊

(B)春天只能在撫摸，不能親見

(C)春天是虛幻，不是真實

(D)春天在時間裡，不在空間裡

3. 閱讀下列短文，並回答下面題目。〔應用〕

　　　　對沒有道德感的罪犯而言，當下的軀殼可以再生，因此

　縱使身遭刑戮，仍然可以有　甲　的期待。　乙　當下的生

命，並沒有泰山與鴻毛的差別，所以當__丙__的罪犯，接受刑罰的制裁時，他們不會對自己的行為感到愧疚，更不會因為失去生命而遺憾。

A、甲處較恰當的句子是什麼？【應用】

　(A)二十年後又是一條好漢＊

　(B)曾經滄海難為水

　(C)杯底不可飼金魚

　(D)浪子回頭金不換

B、乙處較恰當的詞語是什麼？【應用】

　(A)儘管

　(B)由於＊

　(C)然而

　(D)雖然

C、丙處較恰當的成語是什麼？【應用】

　(A)獐頭鼠目

　(B)樑上君子

　(C)殺人越貨＊

　(D)面目可憎

4. 閱讀下列短文，並依序選擇較恰當的詞與句。

　　我家門前緊挨著水塘，綠樹婆娑，水草茂密。在繁星閃爍的夏夜，常有陣陣蛙聲伴著夜風飄進屋裡。此時我總會想起__甲__的詩句。

　　青蛙的幼蟲是蝌蚪，不少畫家常愛以此為題材進行創

作。例如1957年老舍曾以「蛙聲十里出山泉」為題,請白石老人作畫。白石老人苦苦構思後,揮毫成以下的傑作:一片急湍的流水從山間亂石中瀉出,水中有幾隻活潑的　乙　,高處再抹幾筆遠山相對,就把詩的意境含蓄的烘托出來。於是人們透過這幾隻　丙　的形象,彷彿聽到十里山泉傳來的陣陣蛙鼓。

A、甲處,最恰當的詩句是什麼? 〔應用〕

　　(A)天階夜色涼如水,坐看牽牛織女星

　　(B)升堂坐階新雨足,芭蕉葉大梔子肥

　　(C)稻香花裡說豐年,聽取蛙聲一片 ＊

　　(D)荷風送香氣,竹露滴輕響

B、乙、丙處,較恰當的詞語是什麼? 〔應用〕

　　(A)青蛙、蝌蚪

　　(B)蝌蚪、牛蛙

　　(C)青蛙、牛蛙

　　(D)蝌蚪、蝌蚪 ＊

5.閱讀下列短文,並為□選擇較恰當的句子。〔應用〕

　　「白日依山盡,黃河入海流;欲窮千里目,更上一層樓」是唐代詩人王之渙<登臨鸛雀樓>的作品。唐人登臨鸛雀樓留下的詩作極多,但是以王之渙的作品最為有名,因為□。後來,唐朝詩人暢當也寫下一首五絕:「迥臨飛鳥上,高出世塵間,天勢圍平野,河流入斷山」。境界也很遼闊,可惜比不上王之渙的自然天成。

(A)前二句寫出了遼闊的氣勢，後二句又能推拓詩境，含意深遠，耐人尋味

(B)前二句能推拓詩境，含意深遠，後二句能烘托氣勢，耐人尋味

(C)前兩句能借景寓情，抒發離愁，後兩句又能開拓意境，寄託深遠

(D)前兩句能開拓意境，寄託深遠，後兩句又能借景寓情，抒發離愁＊

6.閱讀下文並為□選擇最恰當的句子，使語意連接順暢。〔應用〕

　　　大約十分鐘之後，我赫然發現所有的景物都消失在瀰天蓋地的灰色濃霧中。我也被包在其中，視線不及一公尺。

　　□，原本十分有把握的路徑，竟然變得神祕了。

(A)我躺在草地上看鳥在天空遨翔

(B)我甚至於懷疑應該朝哪個方向才能走回小屋＊

(C)風並不大，晶白而稀疏的雲慢慢地飄在很高的藍天下

(D)不久雨停了，陽光出現，蔭綠色的雲影在微雨後的草原上緩緩移動

三、能修改文句

甲、文句語病

1.下列文句，何者<u>沒有</u>語病？〔應用〕

(A)我今後學英語一定要下苦工夫不可

(B)因為我重視中文，所以對體育不感興趣

(C)生活的觀察和體驗是創作時靈感的泉源

(D)一彎新月，幾顆寒星，整個天空都亮起來了＊

2. 現今大眾傳播媒體時有用語失當、語意矛盾的情形。下列來
自傳播媒體的語句，犯了上述弊病的選項是什麼？〔應用〕

(A)兢兢業業的學生們為了準備大考，平日裡莫不汲汲營營勤奮
讀書＊

(B)旅法華裔作家高行健，經瑞典皇家科學院宣佈，榮獲本屆諾
貝爾文學獎

(C)黑幫分子彼此之間為了利益擺不平而起內鬨，甚至義憤填膺
的相互廝殺＊

(D)此刻，運動場上的數萬名群眾正作壁上觀，準備欣賞精彩的
奧運開幕典禮＊

(E)關於本次空難，記者在現場為您轉播來自美聯社的本台第一
手獨家新聞報導＊

3. 新聞報導的第一要義是儘可能以客觀的態度呈現事實，不宜
誇張失實。下列報導文字，與上述要義不符的選項是什麼？
〔應用〕

(A)台灣地區自十二月起，東北季風逐漸增強，這也是每年酸雨
最嚴重的季節，膚質較敏感的民眾應該攜帶雨具，以免引起
皮膚不適

(B)世紀末美國總統大選，選戰空前激烈，小布希和高爾票數不
相上下，這麼緊張的氣氛，把佛羅里達州州長住家牆上的漆
都給溶化了＊

(C)根據本台可靠消息來源，政壇緋聞案的主角有直逼層峰的態勢。想知道更勁爆的內幕，請讓心臟停止三分鐘，廣告之後，我們馬上回來*

(D)近來，為了賺取金錢而從事「援助交際」的青少年日益增加，教育團體對此一現象感到憂心，籲請社會共同注意青少年價值觀扭曲的危機

(E)黑色奇萊山發生空前絕後、駭人聽聞的山難，截至目前為止，已知有兩人重傷，一人輕傷，一人下落不明，英勇熱心的救難隊已經進入山區搜救，相信不久之後，就會傳來令人賞心悅目的畫面*

4.下列選項的文句，何者<u>沒有</u>語病？〔應用〕

(A)只要我喜歡有什麼不可以？年輕人往往總是這樣說

(B)手機的普及率，使台灣經濟蓬勃發展

(C)人要懂得感恩，千萬別把人如此這般的情操丟棄

(D)遠山籠罩在濛濛的煙雨中，顯得虛無飄渺*

5.下列選項，何者文義通暢合理？〔應用〕

(A)父親警告我，如果不沉迷網咖，不求上進，就要悔不當初

(B)任意將別人的話斷章取義，妄加附會，常易引起誤會*

(C)他的話鞭辟入裡，不顧情面，聽起來真令人好生敬佩

(D)一個人若能自我充實，虛懷若谷，就會有見識淺俗的毛病

6.閱讀下列短文，並選擇文法錯誤的部份。

放風箏<u>不可靠近高壓電</u>(A)，<u>不可避免在人潮擁擠或飛機</u>

場附近(B)＊，以免造成意外傷害；也要避免在高建築物或大樹旁(C)，以免風勢不平順；最好在空曠的地方(D)，風箏才能飛得高、飛得遠。

乙、文句贅詞

1. 下列各句，何者沒有繁冗的語詞？【應用】

(A)有養成閱讀的習慣，等於就猶如擁有一筆珍貴的資產

(B)現代人經常能夠感受到生活中許多無窮的壓力

(C)時時反省改進，才能使我們有更美好的明天＊

(D)節儉真是現代人都必須應該培養的美德

2. 閱讀下列文句，並選擇多餘的贅詞。【應用】

我以前（甲）曾經（乙）設想，如果（丙）有可能性（丁），我願意跋涉走（戊）在荒野的深處，去一一（己）辨認每一座驛壁上斑剝的詩文。

(A)甲乙丁戊

(B)乙丙丁戊

(C)甲丁戊己＊

(D)乙丙戊己

參、應用段落相關知識

一、能安排段落

1. 閱讀下文，並依序為它重組成文意通暢的短詩。【應用】

靈感就像一隻雲雀，

甲、有些人能及時抓住

乙、突然飛落在我們的窗前

丙、有些人只有任牠飛去

丁、使別人也欣賞到牠動聽的歌聲

留給自己短暫美好的印象。

(A)甲乙丙丁

(B)乙甲丁丙*

(C)丙丁甲乙

(D)丁丙乙甲

2. 閱讀下文，並依序為它重組成文意流暢的短文〔應用〕

又早是夕陽西下，

甲、是被青溪的姐妹們所薰染的嗎

乙、寂寂的河水

丙、河上妝成一抹胭脂的薄媚

丁、還是勻得她們臉上的殘脂呢

隨雙槳打它，終是沒言語。

(A)甲丙丁乙

(B)乙甲丙丁

(C)丙甲丁乙*

(D)丙乙甲丁

3. 閱讀下列校園網站聊天室的內容，並為□□□□選擇正確的
答案。〔應用〕

　　小五說：我們國文老師在教完林文月女士〈蒼蠅與我〉後，給我們一首紀弦先生的現代詩〈蒼蠅與茉莉〉，可是句子是亂的，誰幫我看一下我排得對不對？

一隻大眼睛的蒼蠅，停歇在含苞待放的茉莉花朵上

乙、應該拿DDT來懲罰

丙、不時用牠的兩隻後腳刷刷牠的一雙翅翼，非常愛好清潔
　　和講究體面的樣子

甲、也許這是對於美的一種褻瀆

丁、但是誰也不能證明牠不是上帝造的

誰也不能證明牠在上帝眼中是一個／醜惡的存在

小六對小五說：不對啦！應該是□□□□才對啦！

小五說：你怎麼知道？

小六對小五說：嘿嘿嘿……因為我就是國文老師啊！

(A)甲乙丁丙

(B)乙丙甲丁

(C)丙甲乙丁＊

(D)丁丙甲乙

4. 閱讀下文，並推斷甲、乙、丙、丁四句，應如何排列，才能
　使文義流暢通順？【應用】

重陰匝月，如醉如病，

甲、急引手搴帷，

乙、忽聞眾鳥畢作弄晴之聲，

丙、朝眠不起，

丁、推窗視之，

日光晶熒，林木如洗。不亦快哉！

(A)丙乙甲丁*

(B)乙丁甲丙

(C)丙丁乙甲

(D)乙丙甲丁

5.閱讀下詩，並依序為它重組成文意流暢合乎格律的律詩。〔應用〕

昔聞洞庭水

甲、吳楚東南坼

乙、老病有孤舟

丙、親朋無一字

丁、今上岳陽樓

戊、乾坤日夜浮

戎馬關山北，憑軒涕泗流。

(A)乙甲丁丙戊

(B)丁甲乙丙戊

(C)丁甲戊丙乙*

(D)戊甲丁丙乙

二、能改寫段落

1.下列文句，經改寫後，何者最能含括原意？〔應用〕

逆境並不可怕，可怕的是經不起挫敗，暴氣喪志，自陷於絕望之中，一蹶不振。

(A)逆境使人自陷於絕望之中，一蹶不振

(B)經不起挫敗是一種暴氣喪志的逆境

(C)挫敗後一蹶不振，比遭遇逆境更可怕＊

(D)遭遇挫敗，比自陷於絕望之中更可怕

2. 下列文句，經改寫後，何者最能含括原意？〔應用〕

　　只是一顆星罷了！在無邊的黑暗裡，已寫盡了宇宙的寂寞。

(A)故人西辭黃鶴樓，煙花三月下揚州。孤帆遠影碧山盡，惟見長江天際流

(B)前不見古人，後不見來者。念天地之悠悠，獨愴然而涕下＊

(C)月落烏啼霜滿天，江楓漁火對愁眠。姑蘇城外寒山寺，夜半鐘聲到客船

(D)枯藤、老樹、昏鴉。小橋、流水、平沙。古道、西風、瘦馬。夕陽西下，斷腸人在天涯

3. 閱讀下列短文，並選擇較恰當的縮寫。

　　　　手機的方便，創造了廣大的市場。在全球景氣低迷中，似乎只有通訊與網路結合的產業，可以有令人期待的未來。而手機愈來愈多元的功能，也將使它從單純的溝通工具，擴展為人們生活中不可缺少的伴侶。因此手機不但創造了可觀的經濟，更進一步帶來新的社會關係。手機與網路結合後，人的流動性更強，而不必固定於一時一地的互動模式，必然會形成某種人際倫常關係的挑戰，並對「無疆界時代」做更具體的落實。因此溝通工具的改變，不僅改變生活而已，進一步將會更深刻的改變族群認同與文化傳承的心理。

(A)手機不但創造了可觀的經濟，更進一步帶來新的社會關係＊

(B)手機不僅改變生活，更將進一步將改變族群認同與文化傳承的心理

(C)手機已從單純的溝通工具，擴展為人們生活中不可缺少的伴侶

(D)手機將使「無疆界時代」更迅速的來臨

三、能應用標點符號

1.閱讀下文，並推斷下列選項的「斷句方式」，何者較恰當？

　　久之方知地震各疾趨出見樓閣房舍仆而復起牆傾屋塌之聲與兒啼女號喧如鼎沸。

(A)久之方，知地震。各疾趨，出見樓閣房舍，仆，而復起，牆傾屋塌之聲與兒啼女號，喧如鼎沸

(B)久之方，知地震各疾趨，出見樓閣，房舍仆而復起，牆傾屋塌之聲與兒啼女號，喧如鼎沸

(C)久之，方知地震。各疾趨，出見樓閣，房舍仆而復起，牆傾屋塌，之聲與兒啼女號，喧如鼎沸

(D)久之，方知地震。各疾趨出，見樓閣房舍，仆而復起。牆傾屋塌之聲，與兒啼女號，喧如鼎沸＊

2.閱讀下文，並依序為____處選擇較恰當的標點符號。【應用】

　　人在青、少年時期免不了對自己的前途有很多幻想或疑惑1我將來到底能成為一個什麼樣的人2我如果確實知道將來會幸福3現在我甘願吃苦4如果將來確實能富有5我現在願意節省6

3. 下列短文，請依序選擇較恰當的標點符號。

	1	2	3	4	5	6
＊(A)	——	？	，	；	，	。
(B)	。	！	，	。	，	。
(C)	！	！	，	！	，	！
(D)	，	？	——	。	——	。

　　在倒數聲中，七彩燈光瞬間亮起 _甲_ 這時，銀白的蛇身，立刻隨著燈光乍隱乍現 _乙_ 宛如靈蛇般，呈現出豐富多樣的面貌 _丙_ 而身著火紅服裝的豫和舞團舞者，則在一旁曼妙起舞，讚頌蛇年的來臨。

(A) 。　，　；　＊

(B) ！　、　。

(C) ；　。　。

(D) ：　。　，

四、能整理資料

1. 下列文句共同表達了何種主題？【應用】

　　甲、美國甘迺迪總統說：「如果世界上有一個人不自由，誰又自由了呢？」

　　乙、地藏王菩薩說：「地獄一日不空，我一日不成佛。」

　　丙、孔子說：「願給老年的以安樂，對朋友以信實，給幼少的以愛撫。」

　　丁、德蕾莎修女說：「我已不能以女人對男人的那種愛去愛

任何人，我的愛在貧民窟。」
(A)智慧的重要
(B)仁愛的胸襟＊
(C)信仰的力量
(D)勇武的精神

2. 下列文句，何者最能表現「甜蜜家庭」的主題？〔應用〕

(A)我爸爸是鐵工廠的老闆，手下有30個員工，生意做得很大

(B)我媽媽是老師，忙完家事後，還要指導我們姐弟做功課

(C)晚飯後，我們一起收拾餐桌，一起坐下來喝茶，看電視新聞＊

(D)我家有四個人，爸、媽、哥哥還有我，外加一條活潑可愛的吉娃娃

3. 閱讀下列文句，並選擇具有相同敘述手法的文句。〔應用〕

沿著山路前行，兩旁是盛開的桃花林，約莫一百公尺後，路左有一片孟宗竹，通過竹林，便是僧院。

(A)教室前面是操場，後面是游泳池，左邊是圖書館，右方是科學館

(B)南海學園籠罩在翁鬱的濃蔭裡，歷史博物館、藝術館、科學館坐落其間，平添了些許人文氣息

(C)從學校到我家，只有十分鐘的路。路上先經過小張牛肉麵，然後是泡沫紅茶店，再過去是咖啡專賣店＊

(D)台灣的海岸線很長：有遼闊平坦的沙岸；也有怪石嶙峋的岩岸。

第四節

寫作能力

壹、正確書寫短文

一、能應用各種寫作技巧

1. 請模仿下列文句的形式：以兩件性質相近的事物作比較，並使用字數相當的排比句。【綜合】

   　　種花好，種菜更好。花種得好，姹紫嫣紅，滿園芬芳，可以欣賞；菜種得好，嫩綠的莖葉，肥碩的塊根，多漿的果實，卻可以食用。

   　　＿＿好，＿＿＿＿更好。＿＿＿＿＿＿＿；＿＿好，＿＿＿＿更好。

二、能統整資料表達看法

1. 請以二十字，簡述亞里斯多德話中的涵義。【綜合】

   　　亞里斯多德：「一個擲石頭的人，擲出石頭前，對石頭具有控制力；擲出去後，就不然了。」

2. 閱讀下列短文，並回答問題。【綜合】

   　　有兩位藝術家，其中一位說：「我到處旅行，世界上的事情看多了，但卻找不到一個完美的臉孔讓我下決心畫下來。在每個人的臉上，我都發現到某種小缺點。」第二位藝

術家說：「他是一位真正的藝術家；我不曾到國外旅行過。我只是專心觀察常出現在我四周的人中，我發現所有的臉孔都很有意義，我從其中發現美的成份，因此我很愉快地把它們畫下來。」

a. 誰才是真正的藝術家？

b. 藝術家最重要的特質是什麼？

3. 閱讀下列短文，並列表格說明臺灣東部地區，地質的種類及分佈區域。【綜合】

臺灣東部火山岩區主要包括海岸山脈、綠島、蘭嶼和小蘭嶼以及中央山脈東斜面的局部花崗岩體和恆春半島墾丁層中的外來火成岩塊。海岸山脈有一大部分由安山岩層所構成的都巒山層，厚達一千餘公尺。另有由各種火山岩類或熔岩所構成的統稱為奇美火成雜岩，主要分布在奇美、樟原等地，其中以奇美地區之規模最大。東部外海的綠島、蘭嶼和小蘭嶼也是由安山岩類構成的火山島嶼。

除了安山岩類外，海岸山脈的利吉層中夾有許多基性和超基性火成岩之外來岩塊所形成，被稱為蛇綠岩系的物質，以在關山鎮附近規模最大，其次為臺東附近臺東大橋旁、石頭山、虎頭山和利吉村附近。此類基性或超基性的外來岩塊亦出現於恆春半島的墾丁層中。

根據板塊構造學說，當二塊板塊互相碰撞擠壓，較重的板塊就沒入較輕的板塊下面。板塊下沉地帶，在地形上就形成了海溝，下降板塊以數十度的傾角下沉，使老的岩石圈又下沉回到地函中，這稱為隱沒帶。當下沉板塊沿隱沒帶到達

深度約一百公里的地方，因為上下板塊相互摩擦生熱，在這深度就可以使二塊板塊的岩石混雜其上的沉積物，一起融化，並生成岩漿。產生的岩漿由於密度較低，常因浮力上升，噴出地表，造成火山，通常以中性的安山岩為主。所以在聚合板塊界線附近常有火山活動，造成火山弧。如果這些岩漿並未噴出地面，就在地下造成以花崗岩類為主的岩漿弧。

在板塊碰撞的過程中，原來海洋槽谷中的沉積物，由於槽谷兩側兩大地塊相遇碰撞，而被排擠出來。屢受擠壓的填充物在反覆流竄中毀壞了原來的結構而造成所謂的混同層。混同層內常混雜有基性和超基性火成岩所成，被稱為蛇綠岩系的物質。這些蛇綠岩系代表海洋地殼或地函上部物質所形成的斷片或裂塊，因構造運動而進入造山帶中。

4. 閱讀下列短文，並回答問題。

　　樹是美麗且具有生命的靈魂，它渴望的是呵護的愛心而不是粗魯的鋸子。漫步在老樹林中，是我們希望孩子們擁有的珍貴經驗之一。對那些提供豐富多樣的視野、影像、聲音及生氣盎然的原始生命的森林，我們應該珍惜它而不是將它當成廉價的木片出售。

　　木片事實上並不具備絕對的經濟價值，研究顯示它提供生態旅遊業工作機會所獲得的經濟效益，遠大於木材製造的收益。由於我們的經濟正處於赤字的階段，因此不考慮它的經濟效益是不聰明的。我們必須從過去只能扮演「世界採石場」的角色，調整成為追求經濟效益的領導者。

　　科學家目前能用的就是以大腦的重量、結構及學習能力來進行比較。人腦約有1500公克重，與大象、抹香鯨的7500至7800公克比起來真是小巫見大巫；然而若和體重相比，則人腦的相對重量比為2.1，卻躍居萬物之首。其他動物則大多在0.1之下。鯨豚依種類的不同也有許多差異，譬如：長鬚鯨0.008、虎鯨0.094的腦重量比皆在0.1以下，而真海豚則約0.76。其中最讓人刮目相看的是瓶鼻海豚，腦重量比約0.9，僅次於人腦，位居第二。也難怪牠是水族館的一級表演者。

　　看過馬戲團表演的人，大多會對動物表演的各種動作著迷讚嘆。其實大部分的表演動作都是經由一次又一次制約式的訓練完成的，所以動物逐漸養成固定順序的習慣，一旦中途道具或訊號改變，牠們往往不知所措。因此，知道如何變通是另一種較高層次的認知與學習。海豚不僅有良好的記憶能力，甚至還有模仿與創造的概念，對聲音或其他動物的行為皆可仿效。美國某位海洋世界的訓練師，訓練海豚撿拾被風刮入池中的垃圾，每次只要海豚銜一塊垃圾到池邊，即可獲得一條魚。有一天他們發現有頭海豚居然事先窩藏垃圾在浮台角落，然後等待時機獲得獎賞。

　　人類對海豚認知世界的認識，目前仍是所知有限，唯一可以肯定的是，牠們與猿類至少可以並立於高層認知動物的行列，因此，我們是否該給牠們更多的尊重與空間？

2. 下面這段文章，有些句子的意思不夠明確，有些修辭不夠流暢，請在不更動句子意思的範圍內加以修改，使它讀起來更

通順。【綜合】

　　我的故鄉武昌是座依山傍水的古城，景致卻不錯。不是
小，倒也有點小小的。特別是縣西黃鵠磯陸亂壁上的那座凌
空欲飛的黃鶴樓，更有氣勢。你走到樓上，倚著欄杆一望，
只望見水天茫茫、那種空明清碧的景色，真可以把五臟六腑
洗得乾乾淨淨。

四、能使用各種寫作技巧

1. 下列文字描寫受邀到別人家作客的情形，有季節暗示，有客
　廳、餐廳的描寫，有主人待客的殷勤，鄉居生活的趣味，也
　有國情特色，人情針砭……可說繪聲繪情，趣味十足。請你
　也學習它的特色，寫一段作客的經驗【綜合】

　　　　進入人家屋門，壁爐散發的熱氣，立刻霧矇了我的眼
　　鏡。霧散後，我看見大餐桌上鋪著桌布，安放了十個座位，
　　親戚朋友都來審查我們啦！電視機在屋子的一角喋喋不休，
　　收音機從廚房裡與它對答。客人到時，主人把成群貓狗噓出
　　門外，但不旋踵間，牠們又隨同下一位客人悄悄進屋了。主
　　人端了一盤飲料來，給男人喝的是茴香酒，女人喝的是甜葡
　　萄酒。……座位的安排又引發好一陣爭執，我也弄不清他們
　　是爭著要坐在我旁邊，還是離我們愈遠愈好。我們先坐下
　　了。

2. 下列文字生動又簡潔的描寫一位鄉間肉販，來自專業的自信
　與權威。請你也參考它的描寫技巧，特寫一位週遭的尋常人
　物，並能展現他的生命風采。【綜合】

我們準備燉一鍋普羅旺斯肉湯，有人指點我們去舊市場找一位肉販，說他是大行家。他專注聽我們說明，然後彷彿義憤填膺，拿出一把大刀來使勁地磨，我們嚇得後退一步。他說我們真是問對了，站在我們前面的恐怕堪稱本省燉肉湯的第一高手。他的妻子在旁邊仰慕地點著頭，並且像首席外科醫生身旁的資深護士，負責在手術中遞刀子給他。

我們敬佩不已的樣子一定贏得了他的讚許，因為他接著就切下了一大塊小牛肉，語氣也變得權威專斷。他把肉切成小方塊，另裝了一袋子切碎的草藥，告訴我們到哪裡去買最好的辣椒。他把作法覆述了兩遍，確定我們不會犯下愚蠢的錯誤才罷。

貳、書寫專業評論

一、能以嚴謹的論述評鑑作品

1. 閱讀下列二詞，並分析比較其優劣。【評鑑】

甲、

檻菊愁煙蘭泣露，羅幕輕寒，燕子雙飛去。明月不諳離恨苦，斜光到曉穿朱戶。　昨夜西風凋碧樹，獨上高樓，望盡天涯路。欲寄彩箋兼尺素，山長水闊知何處？——選自晏殊〈蝶戀花〉

乙、

檻菊愁煙沾秋露，天微令，雙燕辭去。月明空照別離苦，透素光，穿朱戶。　夜來西風凋寒樹，憑欄望，迢迢長路。花

箋寫就此情緒，特寄傳，知何處？──選自杜安世〈端正好〉

二、能分析作品特色

1. 閱讀下列蘇詞，並從內容、形式、意境分析它的特色。〔評鑑〕

　　　大江東去，浪淘盡、千古風流人物。故壘西邊，人道是、三國周郎赤壁。亂石崩雲，驚濤裂岸，捲起千堆雪。江山如畫，一時多少豪傑！　遙想公瑾當年，小喬初嫁了，雄姿英發。羽扇綸巾，談笑間，強虜灰飛煙滅。故國神遊，多情應笑我，早生華髮。人生如夢，一樽還酹江月。──選自蘇軾〈念奴嬌〉

試題編寫常見缺失

第三章

試題編寫常見缺失

壹、未提供充足的答題情境

一、題幹情境不足

1. 下列文句所描述的社會狀況，與陶淵明〈桃花源記〉中所呈
現的社會最為相近的選項是什麼？

(A)小國寡民，使有什伯之器而不用，使民重死而不遠徙。雖有
舟輿，無所乘之；雖有甲兵，無所陳之；使民復結繩而用
之。甘其食，美其服，安其居，樂其俗

(B)故至德之世，其行填填，其視顛顛。當是時也，山無蹊隧，
澤無舟梁；萬物群生，連屬其鄉；禽獸成群，草木遂長。是
故禽獸可係羈而遊，鳥鵲之巢可攀援而闚

(C)五畝之宅，樹之以桑，五十者可以衣帛矣；雞豚狗彘之畜，
無失其時，七十者可以食肉矣；百畝之田，勿奪其時，八口
之家，可以無飢矣；謹庠序之教，申之以孝悌之義，頒白者
不負戴於道路矣

(D)故明主之國，無書簡之文，以法為教；無先王之語，以吏為
師；無私劍之捍，以斬首為勇。是以境內之民，其言談者必
軌於法，動作者歸之於功，為勇者盡之於軍

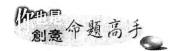

實施一綱多本後，無共同教材，題幹所提問的〈桃花源記〉
需提供原文以供判斷。

修改為

1. 閱讀下文，並推斷何者與它所描述的社會狀況最接近？【應
用】

> 豁然開朗，土地平曠，屋舍儼然。有良田、美竹、桑竹
> 之屬。阡陌交通，雞犬相聞。其中往來種作，男女衣著，悉
> 如外人；黃髮垂髫，並怡然自樂。

(A)小國寡民，使有什伯之器而不用，使民重死而不遠徙。雖有
舟輿，無所乘之；雖有甲兵，無所陳之；使民復結繩而用
之。甘其食，美其服，安其居，樂其俗

(B)故至德之世，其行填填，其視顛顛。當是時也，山無蹊隧，
澤無舟梁；萬物群生，連屬其鄉；禽獸成群，草木遂長。是
故禽獸可係羈而遊，鳥鵲之巢可攀援而闚

(C)五畝之宅，樹之以桑，五十者可以衣帛矣；雞豚狗彘之畜，
無失其時，七十者可以食肉矣；百畝之田，勿奪其時，八口
之家，可以無飢矣；謹庠序之教，申之以孝悌之義，頒白者
不負載於道路矣＊

(D)故明主之國，無書簡之文，以法為教；無先王之語，以吏為
師；無私劍之捍，以斬首為勇。是以境內之民，其言談者必
軌於法，動作者歸之於功，為勇者盡之於軍

二、選項情境不足

1. 歷史散文多載人物出處進退的事跡，下列敘述何者正確？
   ⑴召公引用《周書》：「皇天無親，維德是輔」勸諫厲王廣開
      言路，接納民意
   ⑵劉邦赴鴻門宴，宴中項伯起而舞劍，常意在沛公
   ⑶齊湣王因孟嘗君挾外援以自重，心生恐懼，故復以孟嘗君為
      相
   ⑷鄭莊公因秦、晉、楚三國出兵攻鄭，形勢險惡，故要求燭之
      武連夜赴秦軍說服秦穆公退兵

2. 中國文學批評興起於魏晉南北朝，曹丕、劉勰為當時重要代
   表人物。下列有關二人文學看法的敘述，何者正確？
   ⑴劉勰〈情采〉總論評賞文章的要素與方法，故言心定而後結
      音，理正而後摛藻
   ⑵曹丕認為建安七子均能寄身於翰墨，見意於篇章，成一家之
      言，而聲名自傳於後
   ⑶劉勰認為《詩經》以後之作家，遠棄風雅，近師辭賦；故逐
      文之製日疏，體情之篇愈盛
   ⑷曹丕認為文章如經國大業，是永垂不朽的盛事，年壽與榮樂
      皆不足與之並論。

3. 台灣社會由簡樸而繁華，歌仔戲也被迫走向歷史，〈散戲〉
   即反映此種變遷，其豐富的內涵令人印象深刻。下列敘述正
   確的選項是：

(A)「散戲」就是戲演完了，作者用它來象徵舊農村文化的結束

(B)金發伯決定解散玉山歌仔戲劇團，選定〈鍘美案〉作為最後演出的戲碼，是因為他覺得歌仔戲的光輝不再，無法勉強團員演出

(C)歌仔戲演出時往往穿插「流行歌」和「蜘蛛美人」的表演，是為了劇情需要串場之用

(D)「金發伯站在稍遠的地方，木然地看著他們，他抽著煙，始終不發一語。」金發伯的反應暗示著對歌仔戲沒落的無奈及省思

(E)阿旺嫂和秀潔發生激烈的爭吵，目的都在表明心跡，陳述自己對歌仔戲忠實盡責的態度。

【說明】

實施一綱多本後，無共同教材，上述各題選項提供的情境不足，無法作答。

修改為

1. 下列文學理論，何者強調「文章以表現情性為主」？【應用】

(A)夫以草木之微，依情待實，況乎文章，述志為本，言與志反，文豈足徵＊

(B)文章者，所以宣上下之象，明人倫之敘，窮理盡性，以究萬物之宜者也

(C)是以古之作者，寄身於翰墨，見意於篇籍，不假良史之辭，不託飛馳之勢

(D)吾雖德薄，位為蕃侯，猶庶幾戮力上國，流惠下民，建永世之業，流金石之功，豈徒以翰墨為勳績，辭賦為君子哉

貳、題幹瑣碎冷僻未緊扣教學目標

1. 在〈鳴機夜課圖記〉一文中，下列何者是動物名？
   (A)女紅
   (B)促織
   (C)夏楚
   (D)捋鬚

2. 在《詩經・七月》中，下列何者屬「十月」以後的景象或人事？
   (A)取彼斧斨，以伐遠揚，猗彼女桑
   (B)晝爾于茅，宵爾索綯
   (C)女執懿筐，遵彼微行，爰求柔桑
   (D)斯螽動股，莎雞振羽

【說明】

上述1、2題題幹冷僻瑣碎，非該篇教學重點

✎ 修改為

1. 下列選項，何者與「吾在於天地之閒，猶小石小木之在大山也，方存乎見少，又奚以自多！」的觀點最接近？【應用】

(A)蓋將自其變者而觀之,則天地曾不能以一瞬;自其不變者而觀之,則物與我皆無盡也,而又何羨乎

(B)駕一葉之扁舟,舉匏樽以相屬;寄蜉蝣於天地,渺滄海之一粟。哀吾生之須臾,羨長江之無窮*

(C)軸艫千里,旌旗蔽空,釃酒臨江,橫槊賦詩,固一世之雄也,而今安在哉

(D)且夫天地之間,物各有主。苟非吾之所有,雖一毫而莫取

參、選項內容缺乏統整性

1. 下列有關「題辭」的敘述,何者<u>錯誤</u>?

(A)「明珠入掌」是娶妻的賀詞

(B)題辭是應用文中最簡短的一種,一般以四字一句最為常見

(C)「懿德永昭」適用於女喪

(D)「情誼永繫」可題畢業紀念冊

2. 「生命是一天天長大的,人也是一樣,是不允許維持現狀的。所謂生命的規律,隱藏著無限的殘酷,如果停止生長,瞬間即將走向死亡。」根據本文,下列推論何者錯誤?【理解】

(A)就社會而言,維持現狀是遏止變化衝擊的生存之道

(B)就個人而言,智慧的追求如逆水行舟,不成長,便退化

(C)就一個公司的業績而言,不求蒸蒸日上,必然逐漸衰退

(D)生命必須像一條輕唱的小溪,蜿蜒向前,才不會成為一池污水

【說明】

1.選項B與其他選項不一致

2.選項D與其他選項不一致

✎ 修改爲

1. 下列賀辭的使用，何者較正確？【應用】

(A)「宜室宜家」用於賀新婚＊

(B)「弄瓦徵祥」用於賀生男

(C)「里仁為美」用於賀遷居＊

(D)「杏林春暖」用於賀學校落成

(E)「絃歌不輟」用於賀劇院開張

2. 「生命是一天天長大的，人也是一樣，是不允許維持現狀的。所謂生命的規律，隱藏著無限的殘酷，如果停止生長，瞬間即將走向死亡。」根據本文，下列推論何者錯誤？【理解】

(A)就社會而言，維持現狀是遏止變化衝擊的生存之道＊

(B)就個人而言，智慧的追求如逆水行舟，不成長，便退化

(C)就公司的業績而言，不求蒸蒸日上，必然逐漸衰退

(D)就生命而言，人人皆須奮勇向前，才不致悲嘆機會難再

肆、題幹籠統缺乏主題說明

1.「夏夜」一詩，下列敘述，那一選項是錯的？

　(A)全詩以擬人手法描寫農村夏夜的景致

　(B)以蝴蝶、蜜蜂、羊隊、牛群、太陽回家和街燈亮起，暗示夜
　　已深了

　(C)整首詩給人溫馨、豐富、愉悅的感覺

　(D)詩末以輕靈的動態反襯夜的寧靜。

2. 在〈阿房宮賦〉一文中，下列何者正確？

　(A)煙斜霧橫，宮車過也

　(B)明星熒熒，焚椒蘭也

　(C)雷霆乍驚，棄脂水也

　(D)綠雲擾擾，梳曉鬟也

3. 選出下列有關〈師說〉與〈訓蒙大意〉二文敘述正確的選
　項：

　(A)二文都強調各行各業的人，可以相互拜師學習

　(B)韓愈寫〈師說〉，全篇旨在勸為人父母者，當注意教師的角
　　色與貢獻

　(C)王守仁認為當時之教者，教以禮義，責以檢束。所以學生視
　　學舍如囹獄，視師長如寇仇

　(D)〈師說〉所指的「小學」，即〈訓蒙大意〉中的「句讀課倣」

4.「蟬與螢」一文，下列敘述那一選項是錯的？

　(A)萬物各有各的長處，在人類社會裡，也是如此

　(B)作者認為蟬鳴是白晝的頌聲，而螢亮則是夜晚的榮耀

　(C)「輕羅小扇撲流螢」，作者認為雖然有趣，但有點不忍心

(D)本文有敘事、有抒情亦有議論

5. 下列敘述，錯誤的選項是：

　(A)曹丕〈典論論文〉認為「文非一體，鮮能備善」，唯有建安七子能「審己以度人，故能免於斯累」

　(B)歐陽修〈新五代史伶官傳序〉所謂「憂勞可以興國，逸豫可以亡身」，即孟子所謂「生於憂患而死於安樂」

　(C)先秦諸子為迎合時君而各逞辭辯，所以劉勰《文心雕龍》批評：「諸子之徒，心非鬱陶，苟馳夸飾，鬻聲釣世」

　(D)豐子愷〈漸〉認為，因為古人不為「漸」所迷，不為造物所欺，所以才有「秉燭夜遊」、「及時行樂」的想法

　(E)劉基〈司馬季主論卜〉中，劉基假託東陵侯說「一冬一春，靡屈不伸；一起一伏，無往不復」，與司馬季主所謂「一晝一夜，華開者謝；一秋一春，物故者新」所見相同，所以說：「何以卜為？」

【說明】

題幹只說明下列何者錯誤或正確，不能明確表達該題的評量主旨。

　修改為

1. 下列選項的描寫，何者以「送別」為主題？【應用】

　(A)人有悲歡離合，月有陰晴圓缺，此事古難全

　(B)易水蕭蕭西風冷，滿座衣冠似雪，正壯士悲歌未徹＊

(C)棄燕雀之小志，慕鴻鵠以高翔

(D)去來江口守空船，遶船月明江水寒

2. 下列新詩，何者採用「擬人」的修辭法？【應用】

(A)是誰將百里漓江／染成濃碧？是誰在晶瑩的水底，鋪下了片
片芳草地，輕軟而柔和

(B)春天的村子，雪飄也是春天，葉飄也是春天

(C)歸巢的鳥兒，儘管是倦了，還馱著斜陽回去。雙翅一翻，把
斜陽掉在江上；頭白的蘆葦，也妝成一瞬的紅顏了＊

(D)水兵從遠海歸來了，穿一身白浪碧波，帽帶上繫著海風，滿
臉是太陽的顏色

伍、試題設計過於單調呆板

1. 下列有關作者及其著作的敘述，何者錯誤？

(A)歐陽修：《新唐書》

(B)賈誼：《新書》

(C)羅貫中：《三國志》

(D)劉向：《列女傳》

2. 下列對於「工具書」及其使用方法之敘述，何者是正確的？

(A)使用一套百科全書之前，宜在「索引」中找出所要的條目

(B)凡是有按部首編排的字典、辭典，若遇到不確定部首的字，
可以翻查「檢字表」

(C)臺灣書店出版的「中華兒童百科全書」是按部首編排的工具

書

(D)正中書局出版的「國音字典」，是按照注音符號編排的電子
工具書

【說明】

試題的設計過於強調記憶，而記憶的內容又非單元教學重點

◎修改為

1.閱讀下詩，並推斷它所討論的「文體」是什麼？【分析】

曾題名字號詩餘，疊唱聲辭體自殊。誰譜新歌長短句，南朝
樂府肇胎初

(A)樂府詩

(B)近體詩

(C)詞＊

(D)曲

2.「何處招魂，香草還生三戶地；當年呵壁，湘流應識□□
□」，上列題於「三閭大夫祠」的對聯，□內最適合填入的是
什麼？【應用】

(A)漁父辭

(B)離騷情

(C)天問篇

(D)九歌心＊

陸、題幹的問題與選項的答案缺乏關聯性

1. 下列各組造詞，何者有誤？
   (A)撒手西歸，撤軍
   (B)親蜜，秘書
   (C)闔家光臨，樓閣
   (D)朦朧，矇矓

2. 下列引號中的詞語，何者使用不當？
   (A)「蕭颯」的風聲
   (B)神態「嬌憨」
   (C)案情「撲朔」
   (D)「婆娑」起舞

3. 「如果他能從這扇門望見日出的美景，你又何必要求他走向那扇窗去聆聽鳥鳴呢？」此句意思是什麼？
   (A)萬物靜觀皆自得
   (B)麻雀雖小，五臟俱全
   (C)交友要彼此觀點一致
   (D)待人要一視同仁

4. 下列何句最能看出朋友之間綿綿不絕的情誼？
   (A)故人西辭黃鶴樓
   (B)煙花三月下揚州

(C)孤帆遠影碧山盡

(D)唯見長江天際流

【說明】

題幹的要考項目與選項提供的答案不吻合

◆ 修改為

1. 下列語詞，何者沒有錯別字？【應用】

(A)夏蟬用撩亮的歌聲，催促朝陽快快將草地上的露珠染上金光

(B)秋天的夜裡，他喜歡一個人靜靜的坐在窗前，聆聽秋風簫颯的低語

(C)籐蔓將片片春光潑灑在高高的圍牆上，讓人忍不住讚嘆春天的浪漫

(D)山谷裡熒光點點，明滅閃爍，讓人誤以為天上的星星全都趕到這，參加一場夏日的盛宴＊

2. 下列文句，「」中的語詞運用，何者不恰當？【應用】

(A)蝴蝶在花叢間「婆娑起舞」，那種如夢似幻的舞姿，真讓人心馳神往

(B)周瑜與諸葛亮的智謀「不分軒輊」，因此大家都說他們有瑜亮情結＊

(C)這齣連續劇的情節「撲朔迷離」，真讓人如墜五里之霧，摸不著頭緒

(D)學校突然公佈的臨時抽考，讓小陳為此「夙夜匪懈」加緊準

備

3.「若是把螢火蟲比作天上的星,星就沒有這樣活動,這樣玲
瓏,也不能有這樣一明一滅的熒光!」一句的涵義是什麼?
【理解】
(A)星光比熒光更玲瓏,更活動
(B)熒光比星光更具有動態的美感*
(C)星光在天空閃爍,令人著迷
(D)點點熒光比不上滿天星光的燦爛

4.下列詩句,何者表現了詩人與朋友間的無盡情意?【應用】
(A)洛陽城裡見秋風,欲作家書意萬重。復恐匆匆說不盡,行人
臨發又開封
(B)揚子江頭楊柳春,楊花愁殺渡將人。數聲風笛離亭晚,君向
瀟湘我向秦*
(C)打起黃鶯兒,莫教枝上啼。啼時驚妾夢,不得到遼西
(D)錦江近西煙水綠,新雨山頭荔枝熟。萬里橋邊多酒家,遊人
愛向誰家宿

第二節
試題編寫技巧

壹、先說明要考問題

240

1.「人的一生，就是上天與社會的賜與，所以一個人做人做事
　該當飲水思源，滿懷感激。」上述為人處世的態度，比較接
　近下列哪一個選項？
　(A)顏淵從來不誇耀自己的長處，也不張揚自己的功勞
　(B)五柳先生對於貧賤不感到憂慮，對於富貴也不汲汲營求
　(C)愛因斯坦發表《相對論》時，強調是與朋友討論所得的成
　　果＊
　(D)子路願把自己的馬車輕裘與朋友共用，即使用壞了也沒有怨
　　憾

2.「店舖主人對侄子說：『做買賣就要學我才不吃虧。我們舖
　子裡的那塊波蘭呢料已放了很久，受潮、發霉、蟲蛀，可是
　我把它冒充美國貨來出售，很快就賣出去了，還多賺了一大
　筆錢。哈！老天爺派了個糊塗蟲給我。』侄子恭敬地回答：
　『是，是，這話不假。我不知究竟誰是糊塗蟲？您瞧，他給了
　一疊假鈔票。』」下列何者可作為此篇短文的題目？
　(A)掛羊頭，賣狗肉
　(B)薑是老的辣
　(C)邪不勝正
　(D)惡有惡報＊

3.「種豆南山下，草盛豆苗稀。晨興理荒穢，帶月荷鋤歸。道
　狹草木長，夕露沾我衣。衣沾不足惜，但使願無違。」若不
　論本詩的創作年代，如何從其結構判斷它不是「五言律
　詩」？

(A)句數太多

(C)第二聯及第三聯均無對仗*

(B)偶數句沒有押韻

(D)不合乎起承轉合的型式

【說明】

題幹最後才出現提問要點，妨礙答題重點的掌握

◢、修改為

1. 下列處世態度，何者與「人的一生，就是上天與社會的賜
   與，所以一個人做人做事該當飲水思源，滿懷感激」的說法
   最接近？【理解】

   (A)顏淵從來不誇耀自己的長處，也不張揚自己的功勞

   (B)五柳先生對於貧賤不感到憂慮，對於富貴也不汲汲營求

   (C)愛因斯坦發表《相對論》時，強調是與朋友討論所得的成
      果*

   (D)子路願把自己的馬車輕裘與朋友共用，即使用壞了也沒有怨
      憾

2. 閱讀下文，並推斷何者可做為它的題目？

   　　店舖主人對任子說：「做買賣就要學我才不吃虧。我們
   舖子裡的那塊波蘭呢料已放了很久，受潮、發霉、蟲蛀，可
   是我把它冒充美國貨來出售，很快就賣出去了，還多賺了一
   大筆錢。哈！老天爺派了個糊塗蟲給我。」任子恭敬地回

答：「是，是，這話不假。我不知究竟誰是糊塗蟲？您瞧，
他給了一疊假鈔票。」

(A)掛羊頭，賣狗肉

(B)薑是老的辣

(C)邪不勝正

(D)惡有惡報*

3. 閱讀下詩，並分析它為何不是「五言律詩」？

種豆南山下，草盛豆苗稀。晨興理荒穢，帶月荷鋤歸。

道狹草木長，夕露沾我衣。衣沾不足惜，但使願無違。

(A)句數太多

(C)第二聯及第三聯均無對仗*

(B)偶數句沒有押韻

(D)不合乎起承轉合的形式

貳、把握命題重點

1. 有關「絕句」的格律問題，下列何者是「正確」的？

(A)必須對仗，如王之渙的「登鸛雀樓」

(B)必須押韻，如張繼的「楓橋夜泊」，韻腳為「天、眠、船」

(C)必須有平仄要求，如「白日依山盡」的「日」字是平聲字

(D)必須有字數限制，如李白的「黃鶴樓送孟浩然之廣陵」是一
首五言絕句

2. 下列對詩人及其作品之介紹，何者是「錯誤」的？

(A)李白，號青蓮居士，著有李太白詩文集

(B)張繼，他的「楓橋夜泊」一詩，抒發濃烈的鄉愁

(C)孟浩然與李白齊名，世稱「詩聖」

(D)王之渙，以邊塞詩聞名

【說明】

1. 以絕句格律為命題重點，則選項的作者與作品題目易產生答題干擾

2. 詩人與作品的問題要旨，選項的安排不能凸顯示教學重點

＼ 修改為

1. 下列韻文，何者屬於近體詩中的絕句？【應用】

(A)君問歸期未有期，巴山夜雨漲秋池。何當共翦西窗燭，卻話巴山夜雨時＊

(B)是誰將百里漓江/染成濃碧？／是誰在晶瑩的水底，／鋪下片片芳草地，／輕軟而柔和

(C)碧雲天，黃葉地。秋色連波，波上寒煙翠。山映斜陽天接水。芳草無情，更在斜陽外

(D)前村梅花開盡，看東海桃李爭春。寶馬香車陌上塵，兩兩三三見遊人。清明近

2. 邊塞詩以描寫戰爭、塞外風光為主。下列詩句，何者是邊塞詩？【應用】

(A)王楊盧駱當時體，輕薄為文哂未休。爾曹身與名俱滅，不廢
江河萬古流

(B)雨歇楊林東渡頭，永和三日蕩輕舟。故人家在桃花岸，直到
門前溪水流

(C)咸陽橋上雨如懸，萬點空濛隔釣船。還似洞庭春水色，曉雲
將入岳陽天

(D)黃河遠上白雲間，一片孤城萬仞山。羌笛何須怨楊柳，春風
不度玉門關＊

參、文字簡潔流暢

1. 在文學作品中，「樹」常是用以連接今昔的物象，作者會因
   為「樹」而追懷往昔，並觸發感傷之情。下列詩句，何者屬
   於此種表現方式？
   (A)萬壑樹參天，千山響杜鵑。山中一夜雨，樹杪百重泉

   (B)故人具雞黍，邀我至田家。綠樹村邊合，青山郭外斜

   (C)北風捲地白草折，胡天八月即飛雪。忽如一夜春風來，千樹
   萬樹梨花開

   (D)梁園日暮亂飛鴉，極目蕭條三兩家。庭樹不知人去盡，春來
   還發舊時花＊

2. 人類的道德，有的來自社會規範，有的來自人的「同理心」，
   如「己所不欲，勿施於人」，此一道德修養即為同理心的表
   現。下列所述，屬於人之同理心的選項是：
   (A)居廟堂之高，則憂其民；處江湖之遠，則憂其君

(B)季文子相三君，妾不衣帛，馬不食粟，君子以為忠

(C)禹思天下有溺者，由己溺之也；稷思天下有飢者，由己飢之也

(D)子貢曰：紂之不善，不如是之甚也。是以君子惡居下流，天下之惡皆歸焉

3. 在「巾幗不讓鬚眉」這句話中，「巾幗」與「鬚眉」均係借用人們外在形象上的特徵來代指某類人。下列文句「」的詞語，屬於同一用法的選項是：

(A)黃髮「垂髫」，並怡然自樂

(B)談笑有鴻儒，往來無「白丁」

(C)君慮周行果，非久於「布衣」者也

(D)「傴僂」提攜往來而不絕者，滁人遊也

(E)六軍不發無奈何，宛轉「蛾眉」馬前死

4. 文學作品常使用比喻。所謂比喻，即作者以類似的聯想，選取另外的事物來描繪原有事物的特徵。例如「我的心情像土撥鼠在挖洞」，就是以「土撥鼠挖洞」的類似聯想來比喻「想找到出口」的心情。下列《神雕俠侶》的文句，使用比喻寫法的選項是：

(A)他順勢划上，過不多時，波的一響，衝出了水面，只覺陽光耀眼，花香撲鼻，竟是別有天地

(B)轉過一個山峽，水聲震耳欲聾，只見山峰間一條大白龍似的瀑布奔瀉而下，衝入一條溪流，奔騰雷鳴，湍急異常

(C)只見一個白衣女郎緩緩的正從廳外長廊上走過，淡淡陽光照

在她蒼白的臉上，清清冷冷，陽光似乎變成了月光

(D)楊過日日在海潮之中練劍，日夕如是，寒暑不間。木劍擊刺之聲越練越響，到後來竟有轟轟之聲，響了數月，劍聲卻漸漸輕了，終於寂然無聲

(E)朱子柳突然除下頭頂帽子，往地下一擲，長袖飛舞，狂奔疾走，出招全然不依章法。但見他如瘋如癲、如酒醉、如中邪，筆意淋漓，指走龍蛇

【說明】

為方便考生迅速掌握提問要點，文字應力求簡潔，避免冗贅

修改為

1. 下列詩句的「樹」，何者採用「借樹追懷往昔，觸發傷感」的表現手法？【應用】

(A)萬壑樹參天，千山響杜鵑。山中一夜雨，樹杪百重泉

(B)故人具雞黍，邀我至田家。綠樹村邊合，青山郭外斜

(C)北風捲地白草折，胡天八月即飛雪。忽如一夜春風來，千樹萬樹梨花開

(D)梁園日暮亂飛鴉，極目蕭條三兩家。庭樹不知人去盡，春來還發舊時花*

2. 「己所不欲，勿施於人」，是同理心的表現。下列選項，何者也是「同理心」的表現？【應用】

(A)居廟堂之高，則憂其民；處江湖之遠，則憂其君

(B)季文子相三君，妾不衣帛，馬不食粟，君子以為忠

(C)禹思天下有溺者，由己溺之也；稷思天下有飢者，由己飢之
也＊

(D)子貢曰：紂之不善，不如是之甚也。是以君子惡居下流，天
下之惡皆歸焉

3.「巾幗不讓鬚眉」中，「巾幗」與「鬚眉」均借用外形特徵
指稱某類人。下列文句「」的詞語，何者也使用相同的修辭
法？【應用】

(A)黃髮「垂髫」，並怡然自樂＊

(B)談笑有鴻儒，往來無「白丁」

(C)君慮周行果，非久於「布衣」者也

(D)「傴僂」提攜往來而不絕者，滁人遊也＊

(E)六軍不發無奈何，宛轉「蛾眉」馬前死＊

4.「我的心情像土撥鼠在挖洞」，是以「土撥鼠挖洞」比喻「想
找到出口」的心情。下列《神雕俠侶》的文句，何者使用比
喻修辭法？【應用】

(A)他順勢划上，過不多時，波的一響，衝出了水面，只覺陽光
耀眼，花香撲鼻，意是別有天地

(B)轉過一個山峽，水聲震耳欲聾，只見山峰間一條大白龍似的
瀑布奔瀉而下，衝入一條溪流，奔騰雷鳴，湍急異常＊

(C)只見一個白衣女郎緩緩的正從廳外長廊上走過，淡淡陽光照
在她蒼白的臉上，清清冷冷，陽光似乎變成了月光＊

(D)楊過日在海潮之中練劍，日夕如是，寒暑不間。木劍擊刺
之聲越練越響，到後來竟有轟轟之聲，響了數月，劍聲卻漸
漸輕了，終於寂然無聲

(E)朱子柳突然除下頭頂帽子，往地下一擲，長袖飛舞，狂奔疾
走，出招全然不依章法。但見他如瘋如癲、如酒醉、如中
邪，筆意淋漓，指走龍蛇＊

肆、選項避免出現提示性文字

1. 下列詩句，何者表達「人生應及時行樂的想法」？
　(A)暮從碧山下，山月隨人歸。卻顧所來徑，蒼蒼橫翠微
　(B)蜀僧抱綠綺，西下峨嵋峰。為我一揮手，如聽萬壑松
　(C)余亦能高詠，斯人不可聞。明朝挂帆去，楓葉落紛紛
　(D)月既不解飲，影徒隨我身。暫伴月將影，行樂須及春＊

【說明】

選項D行樂須及春與題幹相近，將使本題缺乏鑑別度

修改為

1. 下列詩句，何者最能表達「早秋」的涵義？【理解】
　(A)高樹曉還密，遠山晴更多；淮南一葉下，自覺洞庭波＊
　(B)荒茂落黃葉，浩然離故關；高風漢陽渡，初日郢門山
　(C)灞原風雨定，晚見雁行頻；落葉他鄉樹，寒燈獨夜人
　(D)殘陽西入崦，茅屋訪孤僧；落葉人何在，寒雲路幾層

教學類 K071

你也是創意命題高手

| 作　　者 | 鄭圓鈴 |

發 行 人	陳滿銘
總 經 理	梁錦興
總 編 輯	陳滿銘
副總編輯	張晏瑞
編 輯 所	萬卷樓圖書(股)公司
排　　版	浩瀚電腦排版(股)公司
印　　刷	百通科技(股)公司
封面設計	陽朵視覺企畫

發　　行　萬卷樓圖書(股)公司
臺北市羅斯福路二段 41 號 6 樓之 3
電話　(02)23216565
傳真　(02)23218698
電郵　SERVICE@WANJUAN.COM.TW
大陸經銷
廈門外圖臺灣書店有限公司
電郵　JKB188@188.COM
香港經銷
香港聯合書刊物流有限公司
電話　(852)21502100
傳真　(852)23560735

ISBN 978-957-739-406-4

2016 年 12 月初版三刷
2002 年 9 月初版

定價：新臺幣 240 元

如何購買本書：
1. 劃撥購書，請透過以下帳號
　　帳號：15624015
　　戶名：萬卷樓圖書股份有限公司
2. 轉帳購書，請透過以下帳戶
　　合作金庫銀行　古亭分行
　　戶名：萬卷樓圖書股份有限公司
　　帳號：0877717092596
3. 網路購書，請透過萬卷樓網站
　　網址 WWW.WANJUAN.COM.TW
大量購書，請直接聯繫，將有專人
為您服務。(02)23216565　分機 10

如有缺頁、破損或裝訂錯誤，請寄
回更換

國家圖書館出版品預行編目資料

你也是創意的命題高手 / 鄭圓鈴著. --
初版. -- 臺北市：萬卷樓, 民 91
　　面；　公分. -- (教學類；K071)
ISBN 978-957-739-406-4(平裝)

1.國文-教學法　2.中等教育-教學法

524.31　　　　　　　　91015510